大是文化

Start at the End:
How Reverse-Engineering Can Lead to Success

從終點起跑

想成功，專業不足、天分不如？
這裡有彎道超車的捷徑。
逆向工程思考法，
我以業餘打敗專業。

只花 3 年時間，
就用業餘資格打敗世界冠軍的逆向工程專家
丹尼爾．比格 Daniel Bigham ──著
謝慈──譯

目錄

第2部

這些企業的成功，都來自逆向工程

第3部

評估手邊資源，想想看誰能幫你

第4部

第5部

推薦序一
運用逆向工程，達成你對未來的想像

商業思維學院院長／游舒帆

十多年的經理人與創業生活中，我經常會對團隊提出兩個問題，以確保我們能持續在正確的道路上。

第一個問題是：「**為什麼同行做得到，而我們做不到？**」這個問題背後是希望能跟競爭者學習，在他們做得比我們更好的地方，找到我們可以做得更好的地方。

我發現許多人的習慣是蒐集各種競爭者的資訊，並試圖做出可能的推估，然後展開SWOT（編按：強弱危機分析，優勢〔Strengths〕、劣勢〔Weaknesses〕、機會〔Opportunities〕、威脅〔Threats〕的縮寫；主要用於分析企業自身競爭力）。但我的習慣是**透過競爭者最終的成果回推，也就是運用逆向工程，找出競爭者成功的原因。**

我會仔細拆解競爭者的現況，並且找出成功的要素與步驟，當中很可能有運氣成分，但我不喜歡總將別人的成功歸因於好運。因為這會讓我們失去理性判斷，也會因此失去一個跟別人學習的機會。

第二個問題則是：「**我們怎麼樣才能達成目標？**」

在展開所有計畫前，我習慣先設定具體方向，通常會先從年度目標開始，然後開始構思最近三個月的目標，接著是一個月的目標，並化為下一週的行動計畫。這種從目標到年，年到季，再到月、週的做法，本身也是一種從結果往回推的逆向工程。

不論是了解競爭者成功，或自己邁向成功的過程，逆向工程一直都是我很喜歡的方法。我也經常鼓勵那些職涯迷惘者，先靜下心來思考：三年後自己的履歷上希望寫些什麼？想想三年後自己會扮演什麼職務角色？在什麼產業或公司類型工作？領什麼樣的薪水？過什麼樣的生活？

這份三年後的履歷，我稱之為「未來履歷」，當我們對三年後的自己有了想像，接著便是盤點自己與三年後的差距，並思考接下來的三年，如何有效彌補這中間的差距。

很多人位於職涯轉職期，放眼未來後，知道當下需要跳脫舒適圈，為未來而努力；有些人則發現，自己早已具備扮演未來職務的能力與經歷，只是過往未曾了解過市場，所以蹉跎了好多年。

對未來的自己有了想像，再仔細盤點現況，這中間的差距就是我們接下來需要努力的方向。或許你對未來的想像很模糊，這不要緊，如果想像不了三年，那就想想一年後的自己。總之，你得有目標，讓目標產生對應的行動，而不是日復一日讓時間不停流逝。

《從終點起跑》談論到的觀念非常重要，當你習慣運用結果往回推的逆向工程方法思考，你會發現很多問題都能獲得有效解決，這是一本有助於大家學習與思考的好書，值得你花一個下午的時間好好研讀。

推薦序二

粗糙的模仿，不同於精細複製

財經作家／雷浩斯

如何讓一個領域的門外漢，在該領域的表現和專業人士縮短差距，甚至贏過頂尖人士？答案在於「逆向工程」。

本書作者以自身在自行車比賽的經驗，打敗資源和預算都遠高於他們的競爭對手，親身實踐這套理論。

逆向工程不同於現行體制，**現行體制有系統化的訓練優勢，但也有僵化的缺點。而逆向工程的優勢正是在體制外的自由**，他們把重點放在設定目標、拆解細節和取得回饋，這就是本書所表達的重點。

臺灣人其實是天生的逆向工程專家，臺灣企業之中，有許多公司也非常擅長逆向工程，很多廠商如果遇到了技術上的瓶頸，會購入部分國外頂尖設備，拆解之後重新建構，做出適合自己的設備，並且建構出適合發展的生態系。

除了企業之外，投資大師也有人著迷於逆向工程。

舉例來說，著有《下重注的本事》（*The Dhandho Investor*）作者莫尼斯・帕波萊（Mohnish Pabrai），他來自窮困的印度家庭，創辦科技公司後致富，之後他運用逆向工程的方法，模仿股神華倫・巴菲特（Warren Buffett）創辦自己的投資基金，並取得驚人的報酬率，成為當代投資大師之一。

也許你會想：「模仿巴菲特的人很多啊，為什麼只有他成功？」**答案在於追究細節，粗糙的模仿不同於精細的複製**，他以驚人的強度和決心來複製巴菲特的所有原則，並且毫不在乎被稱為複製者，他說：「**如果從別人身上學東西，就不用靠自己想出很多點子。只要應用你自己覺得最好的東西就好**。」

作者認為逆向工程的第一個重點就是設定目標，很多人會在這點犯下一個常見錯誤，就是：「設定太多的目標，導致能量分散。」

作者舉了一個巴菲特的小故事，巴菲特建議自己的機師列下二十五個生涯的重要目標，然後選出五個最重要的，並且全力忽略剩下二十個目標，只有在發揮精力完成五個目標之後，才能把心力拿去做剩下的目標。這個練習的方式能夠提高目標的完成度，以及自己的輸出功率，把專注力放到最大！

身為一個非金融科系出身，最終成為價值投資者與財經作家的實踐者，我對於這本書所提倡的逆向工程精神非常有同感。在此，我和大家分享自己對巴菲特投資法的逆向工程策略：

1. 首先研讀市面上高品質的巴菲特讀物，並且以年分列出編年史。
2. 針對巴菲特不同的發展階段，列出他各階段的技能。
3. 找出適合學習技能的臺灣出版書籍，並且實際應用。

上述三點並不難做，只是很花時間，所以大多數的人都不願意做，甚至質疑效果。有些人會誤以為只要投入逆向工程，就能讓你變得無所不能？答案當然不是，因為逆向工程需要專注。我相信，只要在你最熱愛的領域運用逆向工程，最終就會發光發熱！

前言
逆向工程，業餘打敗專業的捷徑

我在自行車上坐定，深吸了幾口氣，看著眼前的木製車道。對我來說，圍觀者都成了背景中的環境音，而宣讀我身邊三位隊友姓名的比賽播報員也很遙遠。在我們前方，電子鐘正在一秒一秒的倒數。我知道我們準備好了，好幾個月的練習、計畫、犧牲和壓力，都是為了接下來的四分鐘。我們身處於白俄羅斯的首都明斯克（Minsk），在這個奇妙的賽場上，即將實現我們的野心。

這是一個關於場地自由車（track racing）隊伍的故事——場地賽是激烈的室內自行車運動，可能會令電視機前的觀眾目眩神迷。場地賽的進行速度很快、有些瘋狂，其中有些規則簡單，有些卻連裁判本人都會感到困惑。

這項比賽可以說是英國人擅長的項目，代表人物從一九五〇年代的衝刺型選手雷格．

哈里斯（Reg Harris），一直到一九九〇年代的克里斯．博德曼（Chris Boardman），以及二〇〇八年北京奧運以來無數的金牌選手。

但我們比較特別。我們雖然是英國人，卻不屬於任何一支英國自由車協會隊伍。我們用自己的方式，在體制之外進行。我們打敗預算和資源遠高於自己的隊伍，其中包含了許多傳統強隊和國家代表隊。為了讓我的隊伍登上頂峰，我用全新的方式著手訓練，並做出了一些改變。

如今，我和許多頂尖的專業人士以及國家隊合作，他們都希望我能幫助他們提升速度；這些人想知道，**業餘人士是怎麼贏得世界冠軍的？而我認為，是時候讓所有人都知道關於「逆向工程」（reverse engineering）的祕密了**。

假如你胸懷大志，該如何取得成功呢？傳統的做法是：依循著既有的體系，付出努力並持續不懈。在生活中的每個部分，無論是體育、商場或教育，都存在著高度發展的系統，來過濾和培育有天分的個人。篩選的過程通常從兒童時期就開始了；我們為了融入體系而被迫同化，遵循體系的規則，追求相同的目標。我們受到的教育是，只要遵循體系就能得到回報。

然而，如果你在人生較晚期才找到自己的熱情呢？假如出於某種理由，你始終無法進入體系？或是你適應不良，而被踢出體系？難道你應該就這麼放棄嗎？不！讓我來告訴你為什麼。

只要稍微檢視一下，你就會發現這些所謂「高度開發的體系」，其實並沒有外表那麼精細巧妙。體系會隨著時間而改變，每個以最終表現為評斷標準的階級體系，都包含了一些人的自以為是、得過且過和既得利益，這也代表**每個體系都可以被破解**。

成功有別的方式，這就是本書想傳達的。在我們自行車團隊的旅程中，我深刻了解到為什麼知識比天分更重要，也體會到何謂拆解目標、付出努力及團隊合作。我將這些概念應用於自行車上，但同樣也可以應用於人生的其他部分。

當你需要利用大腦和人際關係達成目標時，無論是工作或學習，甚至是家庭生活，這些概念都會有幫助。我和隊友們都不是機器人般的菁英運動員，然而我體悟到的是，做自己才是成功的核心。舉例來說，頒獎典禮通常正式而無趣，但我會戴上一頂牛仔帽；這很胡鬧、很特別，這就是我。

這本書將探討我邁向成功的每個步驟，解釋我如何規畫通往成功的道路，並且列出可以幫助你實現野心的概念與想法。這不是捷徑，也不是駭客的技術（雖然有些電腦駭客會運用）。**這是對於成功的全新思考方式，我稱為逆向工程。這可以改變你的一生。**

第 1 部

只花三年時間，我打敗職業選手奪冠

01

因為腳扭傷，我的鐵人三項只好變一項

一九五四年五月六日的傍晚，在英國牛津市中心伊弗里路（Iffley Road）的跑道上，六個年輕人為了長跑重大賽事「一英里賽」（the Mile）而列隊。稍早的整個下午都在風雨和擔憂中度過，不過隨後天候平靜了下來，三千名觀眾也擠滿了賽場。

空氣中充滿了期待和興奮。雖然群眾們心裡早已知道誰會獲勝，但他們更好奇冠軍是否能打破紀錄。眾望所歸的是二十五歲的醫學院學生，他曾在七年前代表埃克塞特學院（Exeter College），在同樣的賽道上贏得第一場一英里長跑的比賽。

如今，他知道自己即將締造歷史，他為比賽制定的準備計畫天衣無縫。從倫敦搭火車來的過程，他甚至在釘鞋的釘子上塗了石墨，避免沾上太多灰土。

我在牛津讀書和賽跑時，常常會想到羅傑．班尼斯特（Roger Bannister）的世界紀錄。假如你是就讀牛津的賽跑選手，大概也很難逃離這個陰影，尤其是當你像我一樣，時常騎車經過伊弗里路的跑道。打破一英里四分鐘的紀錄，儼然成為了頂尖運動表現的象徵，代表著人類為了某項壯舉而鍛鍊自己的身體。

班尼斯特從十七歲開始跑步，雖然展現出天分，但對於訓練卻顯得興致缺缺。不過當他開始認真看待訓練時，秒數也漸漸減少。累積出一定成果後，奧運賽場也在他眼前打開。

班尼斯特和傳奇奧地利籍教練弗朗茲．史坦普夫（Franz Stampfl）合作，採用了被視為相當現代的「科學化」訓練法。間歇訓練（重複的高強度爆發和恢復）是史坦普夫的指導原則。

對於在倫敦麥達維爾（Maida Vale）賽道訓練的班尼斯特來說，這套方法很完美，不但有效而且可以快速完成——班尼斯特同時也是附近聖瑪麗醫院（St Mary's Hospital）的實習醫生，每天只有一小時的訓練時間，他必須充分利用。

然而，一九五二年的赫爾辛基奧運並不如班尼斯特預期；國際奧委會改變了規則，加入額外的資格賽。班尼斯特認為，這有利於那些訓練耐力而非速度的運動員。他雖然順利取得決賽資格，卻信心全失；在決賽中以第四名作收，是最糟的名次。這次失敗後，他經過了一段低潮，甚至考慮放棄跑步。不過，後來他不只決定繼續下去，還訂定了新的目標：在四分鐘之內跑完一英里。

設定目標最著名方法之一，就是所謂的SMART原則；當你在設定目標時，應該遵守五個標準：Specific（明確）、Measurable（可衡量）、Achievable（可達成）、Relevant（相關）和Time-bound（有時限）。班尼斯特的目標「四分鐘內跑完一英里」，完全符合這些標準。

這是設定目標的完美例子，而外加的好處是，他的**表現不會再受對手影響**。想要贏得奧運一千五百公尺，意味著必須與其他選手競爭、必須使用策略，而這有很多因素都不是他能控制的。然而，要打破一英里的世界紀錄，唯一的對手就是自己。

為什麼班尼斯特在赫爾辛基沒有放棄？因為他全心投入自己的目標，而且他也相當擅長。這兩個理由雖然很充分了，但並不是全部；他之所以沒有雙手一攤走人，第三個理由是找到了足以激發自己的目標。

逆向工程的第一步就是設定目標。你不需要以世界紀錄為目標，甚至也不需要符合SMART原則（後面會再說明）。你只需要追求目標的專注力和能量就夠了。找到自己喜歡的事物，你就已經在正軌上了。

雖然花了一些時間，但我也找到了自己喜歡的事物。如果你和職業自由車手聊聊，會發現他們通常從少年時期，甚至是更早之前就開始比賽。地方上的自行車俱樂部會培育他們的才能，教導他們比賽的技巧，而隨著時間過去，他們將逐漸成為專業的車手。當他們二十一歲時，通常已有了十年的比賽經驗。但我接觸自由車的方式完全不同。

就讀牛津時，我只不過是上千個騎單車通勤的學生之一。我住的地方距離校園有六英里，每天這樣往返也是一段不錯的旅程，我也很享受自行車帶給我的自由。

我在學校嘗試了許多項運動，包含足球、橄欖球、壁球和網球，但沒有一項能激發我的想像力。大學時期，我加入運動俱樂部，從一百公尺短跑開始，慢慢拉長距離到八百公尺和一千五百公尺。

我喜歡跑步，因為跑步可以讓我釋放競爭意識，但我從未想過挑戰奧運代表隊。朋友說服我挑戰鐵人三項（由游泳、自行車和跑步組成），而我贏得了第一場比賽——英國大學超級衝刺冠軍盃（British Universities Super Sprint Championships）。我似乎在這項運動上很有天分。然而，**二〇一五年初，我在大學的最後一年腳受了傷**，必須休息至少六個月不跑步或參加鐵人三項。**因此，我就這麼轉成只練自行車**。

除了數字，試算表充滿了故事

由於還算是新手，我覺得自己必須嘗試每個項目：公路賽（公路上集體出發的比賽）、公路計時賽（選手單獨進行的計時賽）和場地賽。我已經找到自己的熱情，但還不確定具體方向。

公路賽是自由車的核心，色彩繽紛、瘋狂熱情，並且充滿挑戰性。每個年輕的車手都夢想在環法自由車賽中奪冠。漫長職業生涯的第一步，通常是在星期日早晨寧靜的鄉村公路上參加地區性小比賽。我在公路賽中表現優異，累積了足以脫穎而出的戰果，並且吸引了比較好的車隊關注。公路賽雖然有趣，但真正吸引我的卻是計時比賽。

英國的自由車計時賽源遠流長，有部分的原因是從一九五〇年代開始，公共道路上各種形式的自由車賽都遭到禁止。為了滿足對比賽的渴望，自由車俱樂部私下舉辦了許多計時賽。黎明時分，他們會從頭到腳都穿著黑色衣物，就像自行車忍者那樣，前往祕密的地點——通常都是大馬路旁的無名臨時停車處。

公路比賽合法化後，這類計時賽依然持續舉行，並且成了英國自由車俱樂部競賽的支柱。對於追求不同競賽類型，想一個人挑戰最佳時間的車手來說，這類比賽提供了證明自己的機會。博德曼在奧運及環法自由車賽的榮耀加身之前，就曾投入大量的時間在雙向車道上來回練習，身邊不時有大貨車呼嘯而過。

若想在公路賽中獲勝，你不只需要良好的生理狀態，也需要出色的策略；而在計時賽中，你需要的是良好的生理狀態和空氣動力學的幫忙。在公路賽中，你必須面對其他車手、做出反應，一邊前進，一邊調整策略；而在計時賽中，一切都在車手的掌握之中（除了天氣），一切都可以事先規畫。

我喜歡計時賽的原因是，所有投入於訓練和準備的時間，全部都會濃縮為短暫而強烈的表現。**計時賽非常直接**，在二十分鐘內，**你什麼也不會多想**，只專注於用身體的努力讓車速更快些。**計時賽也能讓人發洩：無論你的人生遭遇什麼，都能把情緒轉換成為大腿的痛楚。**

大學時代，當我對自行車產生熱情時，也開始看見自己的學業和自行車賽之間的關聯。我主修的是動力運動工程學（motorsport engineering）。我一向很喜歡數學及科學，而我的學業恰好能結合這些領域與體育。

我們研究車輛動力學和每圈時間的模擬，並且相當強調空氣動力學。在學的倒數第二年，我花了許多時間在梅賽德斯AMG馬石油F1（Mercedes AMG Petronas F1）車隊的總部，努力改良車輛的空氣動力。雖然一級方程式賽車的複雜性遠勝於自行車，但原理是相同的。在車隊的那一年，我學到許多；不僅僅是技術測試而已，我也學到團隊合作、問題解決，以及如何將嚴謹的學問應用在實務工作上。

當時，場地賽只是我世界的一小部分。在二〇一五年春天，我和大學自行車社團的朋友，通常會到雷丁（Reading）參加帕爾默公園（Palmer Park）戶外賽車場的固定訓練課程。訓練很扎實，但在戶外的柏油路上騎車，和正式比賽使用的室內木頭賽道還是截然不同。

就像公路賽一樣，風會帶來一定的影響，而且道路上坑洞難免，長度長且坡度較小。然而，我正是在帕爾默公園開始測量ＣｄＡ（簡單來說就是空氣動力的公式，Ｃｄ是風阻係數，Ａ是迎風面積）等數據，並且設法改善我騎車穿過空氣的方式。雖然室外的賽道上有太多數據不可預測，但我還是很興奮的研究各種進步的可能性。

我珍惜知識上的考驗，並且深深被吸入其中，隨著分析和理解而不斷得到回饋。我喜歡充滿數據的試算表。試算表充滿故事，而只要我們夠努力，就能從中獲得深刻的見解。我能說什麼呢？我就是個怪咖啊……。

先了解細節，才有空間創新

場地賽的歷史悠久，幾乎和自行車的歷史一樣長。在一八七〇年代，自行車設計不斷演變，增加了齒輪和充氣輪胎，並且在美國大受歡迎。自由車賽也從平坦的柏油賽道轉移到木製賽道；比賽也可以塑造出更戲劇化的氛圍，並容納更多付錢進場的觀眾。職業比賽在歐洲也有所成長，其中又以六天賽（six-day racing，兩兩一隊的車手，持續競賽六天六夜）最受歡迎。

雖然公路賽興起，但場地賽在二十世紀上半葉依然受歡迎。大部分知名的公路賽選手都曾經在地方的賽道委員會當學員，學習一些比賽策略，以及如何快速踩踏板和操控自己的自行車。即使功成名就後，許多選手仍持續參賽，但通常是為了可觀的出場費用。

一八九六年開始，場地賽正式列入奧運項目，這也帶動了每個國家對自由車運動所投注的資金和準備。在大部分國家中，負責的單位會由中央資助，例如英國自由車協會，而資金多寡則直接與奧運奪牌表現連結；獎牌較少，就意味著預算縮減。每年度最重要的比賽，是二月底的世界自由車場地錦標賽和世界盃，後者由六場比賽構成，在每年的九月到隔年一月間舉辦。

場地賽本質上可以分為兩個類型：衝刺和耐力。衝刺比賽時間很短，強度很高，包含了對抗衝刺，也就是全身肌肉的戰士（例如克里斯．霍伊〔Chris Hoy〕）在一圈半的賽道上猛烈加速、彼此對抗；以及混亂危險的競輪賽（Keirin）——這項奇特的競賽中，車手們必須跟上前方電動自行車「derny」的速度，並且在其離開賽道後瘋狂衝刺、爭奪第一。這些比賽對我來說都太過激烈，在生理條件上也並不適合。我是身材苗條的耐力型運動員，而不是充滿力量的衝刺型。

英國車手布拉德利．威金斯（Bradley Wiggins）和馬克．凱文迪許（Mark Cavendish）都在耐力場地賽中取得優異的成績。威金斯在奇蹟的二〇一二年之前[1]，就已經在賽道上贏得十面世界錦標賽獎牌和五面奧運獎牌。比賽類型包含了集體出發的比賽，例如計分賽（points race）和集體爭先賽（scratch race），然而我擅長的是追逐賽（pursuit）。

我知道追逐賽很適合我，因為追逐賽與計時賽很相似。在個人追逐賽中，兩名車手從賽道兩端出發，並且彼此競爭（或說追逐）四公里。理論上的目標是追到對手，但唯有雙方實力差距太大時，這種情況才可能發生。假如順利追上，比賽就結束了；假如沒有，那麼最快完成四公里的人將獲得勝利。女子組的距離是三公里，但這個距離上的差距並無邏輯可言，只代表了自由車競賽在性別平等議題上的過時和處理不當。

團體追逐賽的距離和原則都與個人追逐賽相同，但每一隊由四位男性或女性選手組成。目標是透過團隊合作打敗對手，而最終秒數則是由第三位完賽者的時間來決定。

我喜歡追逐賽的簡單和優雅。做得夠好，團體追逐賽看起來就毫不費力，非常的自然與流暢。在追逐賽中，縝密的計畫往往會帶來好結果；假如能達到人類與機械的完美同步，就能在個人追逐賽中獲勝；假如四個人能同步加速，就可能贏得團體追逐賽。**在人生的那個階段中，我追求的是精密規畫能帶來的成果，只要關注細節就能得到回饋**。我覺得自己可以在追逐賽中留下紀錄，或許遠超過迄今的成果。然而，若想闖出一番名號，我必須先打造自己的隊伍。

二〇一五年九月，就在我決定全心投入自行車後的六個月，我在曼徹斯特的國家賽道錦標賽個人追逐賽中獲得第七名。我和別人借了場地賽用車，只在室內賽道中練習了幾次。有鑑於如此隨性的準備狀況，我對於結果已經很滿意。但我的內心卻起了一些漣漪，開始認為應該要認真面對場地賽。

追逐賽巧妙結合了運動技術和科學，偶然性或運氣的成分很低。你付出多少，就得到多少——而公路賽則不同，你可能實力非常強大，卻被別人的戰術打敗，或是單純因運氣不好而落敗。

空氣動力在追逐賽中相當重要，而這與我的研究內容和在賓士車隊的經驗都有所關聯。我覺得自己可以為這項運動帶來一些新的想法。從職業自由車選手的角度來看，場地賽並不是個好選擇，因為其中無利可圖。然而，**假如你追求的只有金錢，那麼你永遠只會落於窠臼**。

從我的運動經驗來看，我發現創新永遠來自熱情；一旦堅持不懈，成功和金錢自然隨之而來。因此，二〇一六年的整個夏天，我都在思考如何在下一屆全國場地錦標賽中有所突破。

在二〇一五年我取得錦標賽第七名後，英國自由車協會也把比賽移到一月，以便更符

1 編按：他在該年成為首位獲得環法自由車賽總冠軍的英國車手。

合國際場地賽事的時間安排；因此二〇一六年沒有賽事，而下一場比賽會在二〇一七年一月舉行。這對我來說可是天上掉下來的好運氣，因為給了我更多的準備時間。但我知道，這幾個月稍縱即逝。

查理．坦菲爾德（Charlie Tanfield）是我在那個賽季的隊友之一。雖然當時才二十歲，但他的能力已經得到大家認同。他身高很高，卻能在自行車上表現優雅，而且速度很快。查理也迫切的想證明自己，他來自北約克夏的自由車世家，哥哥哈利（Harry）也是職業自由車選手，在二〇一六年已經取得相當出色的成績。兄弟倆差了兩歲，但在同一天出生；他們很親密，卻也充滿競爭意識。

二〇一六年夏天，我和查理花了大量的時間共處。自由車賽雖然是很刺激的體驗，但其中穿插著漫長的無趣時光，讓你好好規畫未來。你也會經歷長時間的重複訓練、搭長程巴士到比賽場地，或是在機場大廳無止境的等待。

查理和我也曾討論各自參加個人追逐賽。想得到全國冠軍需要付出多少？我們得做多少努力，才真的有獲勝的可能？接著，我們談到團體追逐賽。一直以來，全國等級的團體追逐賽似乎都是由「英國自由車學院」（British Cycling Academy）的隊伍稱霸。

這些小隊的水準和程度，可以代表英國參加奧運或世界錦標賽。英國自由車學院很少派出頂尖的選手參加全國錦標賽，因為他們認為這場比賽配不上這些神級人物，並且不願意拿出最快、最機密的裝備，生怕相關的影像會落入其他國家的勁敵手中。

不過，贏得追逐賽對他們來說是引以為傲的傳統，所以他們還是會認真面對，派出十拿九穩的選手。沒有任何業餘隊伍能帶著明確、精準的策略參加追逐賽，因此自由車學院從未受到挑戰。然而，我們不能只靠兩名選手就挑戰任何對手。

找到第三位隊友的過程很直接。我們在德比（Derby）的賽場和大學計時競賽中認識了強尼．威爾（Jonny Wale）。強尼的專長是公里賽。公里賽屬於賽道計時賽，是兼具衝刺與耐力的比賽，簡單卻也極度困難。從靜止狀態開始，選手必須在最短的時間內，用極大的力氣全力加速，接著在剩下的距離都保持同樣的速度。

強尼在賽道上是個精力充沛的選手，隨時準備好說些俏皮話。每次和他談話，我都可以感受到他的洞察力。他腦筋轉得很快，通常都在想著下一句一針見血的評論。身為公里賽選手，他在賽道上的速度同樣驚人；更重要的是，他全心投入。在嬉笑的外表下，我可以看出他其實是個付出了一切的運動員。在投身於自行車之前，強尼曾經是某高級餐廳的廚師，而我認為這對於團隊來說絕對有額外的好處。

九月底，哈利在中國參加環鄱陽湖國際自行車賽。這場比賽為期十一天，最著名之處就是對歐洲選手來說利潤龐大。主辦單位會支付包含航班在內的所有支出，而豐厚的獎金也相當吸引人。

與哈利一起參賽的是雅各．提波（Jacob Tipper），我之前在國內的公路和計時賽上認識他。提波（大家都這樣叫他）是個強壯的衝刺型選手，專長的項目是公路賽；但他在計時賽上表現同樣優異，而讓我特別感興趣的，則是他運動科學的背景。

提波的副業是擔任其他選手的教練，並且能結合實用性及科學。我覺得他一定能成為我們團隊理想的第四人，但我也知道要說服他勢必花費一番工夫。提波和我截然不同，是個悲觀主義者。我們天生互補，而雖然可以平衡對方，卻也可能帶來許多令人挫折的對話。像是在我開口提議組隊之前，提波就已經認為我瘋了。

在江西省某處的遊覽車上，提波坐在哈利身旁，而我用 WhatsApp 問他：「你想在一月國家錦標賽的團體追逐項目試試看嗎？」我們需要第四個隊友。他要做的只是在前方領導我們四到五圈，接著就能把車衣脫掉去洗澡了。

提波拒絕了。

「你不需要做任何額外的訓練，」我說：「我們想在明年擴張我們的公路賽團隊，所以你也可以考慮看看。」我知道他並不喜歡自己目前的團隊。

提波說：「或許吧。」

最終，經過一長串的訊息後，他同意了。在我們即將展開的漫長旅途中，這是我們學到的第一課：堅持不懈。提波雖然加入了，但他顯然心存懷疑。

無論如何，我們都有了自己的團隊。五個星期後，我們就會在曼徹斯特的國家場地自由車錦標賽中，爭奪四公里團隊追逐賽項目的金牌。因此，下一步就是思考該如何達到最終目標。

為期一個月的艱苦訓練就在我們眼前。但我知道，光是這樣還不夠。我們必須精確的掌握奪牌所需要的一切。我們必須從終點開始。

02

好處是，我的訓練目標從三個變一個

讓我們把時間倒回一九五四年五月那個微涼的晚上。班尼斯特打破了一英里四分鐘的極限，留下不朽的名聲。這項紀錄之所以如此具有象徵意義且受到吹捧，是因為在這之前的運動員們已經追逐了超過五十年。

對於許多身心素質頂尖的長跑選手來說，這個目標近得誘人，卻又無法企及。當班尼斯特站上跑道時，世界紀錄是四分零一．三秒，由瑞典跑者根德．海格（Gunder Hägg）在一九四五年所締造。人類一共又花了九年，才突破了這一．三秒的速度。

是什麼讓這些世界級的運動員無法突破極限？絕對不是缺乏身體的能力。記者兼跑者的約翰．布萊恩（John Bryant）寫道：「多年以來，一英里賽的跑者們努力對抗馬表，但這四分鐘魔咒卻總是無情的打敗他們。」他也提到：「這已經不再只是實際障礙，也成了跑者的心理障礙。這就像一座無法征服的高山，越是接近頂峰，就越令人望之生畏。」

跑者不只會質疑自己的能力，也開始懷疑這個目標是否真的可能達成；這樣的壯舉似乎不可能辦到，因為已經超過了人類耐力的極限。跑者們普遍認為，假如想打破世界紀錄，唯有在理想的條件下才能做到——氣候溫暖、帶點微風，在合適的跑道上，沿途還有大量觀眾為跑者歡呼。

然而，當班尼斯特化不可能為可能時，條件可以說是一點也不理想——賽道由煤渣鋪成，天氣寒冷又颳風，而且觀眾也不多。

對於同一時期想要打破四分鐘魔咒的運動員來說，當班尼斯特成功時，他們的焦點就必須改變。他們原先的目標沒了，所以得訂新的；大多數人都決定要打破世界紀錄——無論當時的紀錄是多少。

而我相信，從心理的層面來說，以世界紀錄為目標簡單多了。這是因為焦點不再是馬表，而是超越其他人。不到兩個月的時間，澳洲跑者約翰·蘭迪（John Landy）就超越了班尼斯特的新世界紀錄，跑出三分五十八秒的成績。

一年過後，在單一一場比賽中，就有三名跑者跑出四分鐘以內的成績。而到了一九五八年，世界紀錄縮短為三分五十四秒。先前的一．三秒花了將近十年，而後的菁英跑者們卻只花了四年就又突破了四秒鐘。

我想說的是，**進步並不一定只有循序漸進**；一旦突破心理障礙後，許多運動員都能在四分鐘之內跑完一英里。他們發現這是可以辦到的，因此能放手挑戰。

事實上，當我們冷靜一點來看，四分鐘其實只是個數字；自從競速比賽出現後，認真訓練的運動員都能以大概四分鐘的時間跑完一英里。因此，從歷史的某一刻開始，突破這個「明確的數字」就成了眾人的目標；但**數字本身其實一點意義也沒有**。

在我寫下這段的同時，也就是二〇二〇年夏天，自由車四公里個人追逐賽的世界紀錄是四分零一秒九三四，由義大利選手菲利波．甘納（Filippo Ganna）於二〇二〇年二月在柏林締造。然而，這項世界紀錄的發展也像一英里賽那樣充滿戲劇性。一九九六年，博德曼創下四分十一秒一一四的紀錄，在經過十五年後才有人突破；接著，又過了七年才讓紀錄時間下降到四分零七秒二五一。

二十五年前，若說想在四分鐘之內騎完四公里（請注意，這代表平均時速超過六十公里），似乎難以想像。如今，這卻只是時間早晚問題，媒體也不太注意了。為什麼？因為全世界追逐賽的菁英選手們都明白，這在理論上是可行的，最終一定能達成。在追逐賽中，四分鐘並未成為心理障礙，因為人們漸漸接受：任何紀錄都有可能被打破。需要的只有時間、明確的規畫和努力。

對於強尼、提波、查理和我來說，我們的天真意味著**在面對挑戰時**，**尚未替自己設下任何心理障礙**。當我們決定挑戰國家錦標賽獎牌時，也沒有什麼好損失的。不過除此之外，我們其實也沒有太多時間能思考這些事了。

德比體育館（Derby Arena）開幕於二〇一五年三月，是間多元的運動場館，位於德比市東南邊。橢圓形的建築物，由金、銀兩色瓷磚包覆，在陽光下閃閃發亮。當你接近場館的主入口時，會看見一個長型曲線的窄窗，上方則是兩個顏色較暗的長方形。三個形狀合在一起，就像是一張人臉，至於嘴巴的部分究竟是在微笑，還是因為賽道上騎自行車的痛苦而扭曲，則全看個人解讀了。

這個場館能提供羽球訓練和比賽，同時也舉辦了許多娛樂和企業活動，但其核心還是自由車賽道。不像倫敦、柏林、明斯克等地的賽道，德比的賽道是打造成區域型的運動中心，而不是國際性的比賽會場。

賽道上會有地方俱樂部的固定訓練時段、賽道自由車的入門課程鼓勵新手，以及星期二晚上的競賽聯盟。如同所有優良的場館，德比的賽道也是由西伯利亞紅松木建造。整齊的木板延伸四十公里，一共二十六萬五千個釘子則由人工釘入，讓木板保持平坦。

對於我們四個人來說，德比都是非常理想的訓練場地。我們可以輕易取得使用權，場館中有健身房，附設的咖啡館也很棒。有時候，在隆冬寧靜的星期二早上，整個場地彷彿只屬於我們。

第一階段的訓練在二〇一六年十二月展開，但進行得不太順利。提波遲到了，而且還因為朋友的單身派對而宿醉一整天。然而，他撐過整場練習，沒有昏倒或嘔吐。我們從基本功開始，學習如何進行團體追逐賽。我們在團體追逐賽的領域都沒有任何經驗，但最基礎的部分，所有自由車選手都能夠輕易理解。

目標是以團隊形式騎超過四公里，或者換算成十六圈，而成績則是以第三人的前輪通過終點線的時間計算。在任何自由車比賽的形式中（除了獨自進行的賽道計時賽），牽引氣流（降低風阻）都是關鍵因素。

這也是為什麼自由車選手都會一大群一起前進，最後謹慎選擇衝出去抵達終點線的時機。其中的原理是，若緊跟在其他車手背後，可以節省三〇％到五〇％的能量，因為前方的車手必須費力的破風。

如此一來，前進的速度越快，前方選手面對的風力就越強，而後方選手則可以節省越多的能量。因此，公路競賽的重點就成了避開風阻，藉此節省能量。在第一公里就單獨發動進攻毫無意義。更理想的做法是盡可能節省力氣，並在最後一公里才出擊。

在賽道上，牽引氣流的影響甚至更顯著。團體追逐賽中，四名選手同心合作，最前面的破風選手，能為後方每位選手都創造出較低的阻力。這對於第二、第三、第四位選手的助益會逐漸增加，到第四位選手時甚至可以高達七〇％。因此，雖然第一位選手幾乎是竭盡全力在踩踏板，但後方的選手（相對上）只是平穩前進而已。

從靜止狀態開始，各隊伍全力衝刺，在最短的時間內達到最高速度，接著排成一列；隊伍的順序也是事前規畫好的。第一名選手必須最努力就定位，而後三名選手就形成整齊且緊密的隊伍。

每個選手的前輪必須盡可能與前方選手的後輪靠近，只留下幾公分距離；當你的時速接近六十公里時，這可不是件簡單的事。場地賽的自行車沒有剎車，並且使用延伸的把手，讓選手向前俯身，緊貼車身——這個姿勢能有效降低風阻，但很難應對突然改變速度或方向。

因此，當你在隊伍中前進時，必須不斷細微調整前輪的位置。隨著經驗累積，這將成為直覺反應。一旦出錯，你就會碰到前方隊友的輪子；下一瞬間，你們就會向賽道飛去。而撞上木頭賽道時，身上許多脆弱的部位都會出現嚴重的撕裂傷。

為了有效分配體力，追逐賽的隊伍會變換選手位置。車手調整順序時，最前方的選手會利用賽道側邊的坡度，騎上去讓其他三名選手通過他，接著向下回歸隊伍最後方。

乍看之下，或許會覺得這名選手能稍微喘息片刻，但事實不然。要在眨眼間順利變換隊伍順序，其實壓力很大，而且必須盡量接近第三位選手後方。假如間距過大，等於又必須自己破風，而且這次是在隊伍之後。在這種情況下，就算你能拉近距離，過程中也會浪費許多能量，而當你回到最前方時，就會嘗到苦果。

訓練有素的團隊操作時看起來賞心悅目，四名選手緊跟著彼此，似乎成為了一體。隊伍改變時總是流暢順利，行進步調貫徹始終。傳統觀點認為，四位選手在體能上也必須匹配，無論是力量輸出或體格皆然。

國家代表隊能夠達到這樣的理想狀態，因為他們是從上千位選手池中挑選出來的。有些隊伍成員是如此匹配，以至於當他們穿上代表隊的車衣和安全帽時，幾乎難以辨識誰是誰。但我們不同——在德比的賽道上，我和隊友們看起來格格不入，實際上或許也是如此。

訓練的第一個星期，就可以清楚看出我們四人的騎車風格截然不同。查理和我在耐力方面相似，並且可以自然採用符合空氣力學的姿勢，但不擅長變換隊形；雖然速度可以很快，但在變換時會損失很多時間。強尼身為強力型選手，在短距離中擁有強大的爆發力。而提波不管有沒有宿醉，都沒有辦法跟上。

為了在賽道上得到兩到三小時不受打擾的訓練時間，我們通常必須非常早就開始。要在黎明前起床、逼自己吞下一些麥片粥、把訓練用品裝上車，對我來說可謂一大挑戰。

我得準備自行車、工具袋、筆電、備用輪胎、打氣幫浦和其他可能用上的工具，再努力把車箱關上，坐上駕駛座（我總是盡可能把車停在出口旁，才不必在寒冷的室外待太久）。從昏暗的冬季早晨踏入賽道強烈的日光燈下，對神經來說是爆炸性的刺激。另一個同樣惹人厭的，則是似乎從早到晚持續循環播放的強烈舞蹈音樂。

我們在賽道中央的摺疊椅上坐定，身處於白色羽球網之間，一邊喝咖啡，一邊嘀咕著。我會把筆電打開，換好輪胎，穿上自行車鞋，伸展肌肉，和同伴說幾句笑話。接著，我們便開始在滾輪上暖身——把單車固定在三組固定的滾筒上，無論你踩得多快，還是只會留在原地。每次訓練中，強尼都是激勵大家的人。他引導大家繼續投入時間練習，不要再鬼混，並認真面對這件事。打從一開始，就能看出這個目標對他是多麼意義重大。

當我們來到賽道場館時，總是非常吵鬧且混亂。為了蓋掉喇叭放送的難聽音樂，我們會帶自己的音響來播放震耳欲聾的搖滾樂。我們最喜歡的歌是電器六人行樂團（Electric Six）的《同志酒吧》（*Gay Bar*）。

不幸的是，我們拿出的表現遠不及積極的態度。當地的自由車隊會在賽道中央，邊苦笑邊看著我們一遍又一遍的失敗，無法在四公里的練習中緊跟著彼此。然而，也有人看出了我們的潛力，特別是一個名叫艾莉．格林（Ellie Green）的年輕女子。她負責協助父親自行車店所贊助的隊伍：蘭德爾輕量級（Langdale Lightweights）。艾莉雖然覺得很好笑，但同時也看見我們的野心，並且同意協助我們為全國錦標賽作準備。

第一週結束時，雖然經過了許多混亂，但我們也創下自己的最佳紀錄：四分二十五秒。不過提波通常在剩下三圈時就會掉隊，沒辦法跟上，所以技術上來說，只有三名選手就不算完成比賽。

假如我們在全國錦標賽只有這樣的表現，那麼麻煩就大了。如果想要得獎，少說也得再快二十秒；然而，至少我們撐過了訓練初期，不但沒有崩潰，對彼此的了解也深入許多。撇除一目瞭然的生理能力差距不論，我們都懷抱相同的心態，全心追求相同的目標。這就是相對簡短的目標所帶來的優勢。我們四個都能全心投入，因為只需要四個星期，這四個星期也剛好是比較沒有公路賽的時間，我們都沒什麼其他事好做；比起在寒冷的道路上訓練幾百公里，在溫暖的賽道中騎車顯然更吸引人。

巴菲特5／25法則：不要在目標間分散能量

設定目標時，有個理論叫做「目標競爭」（goal competition）：達成目標的最大障礙，就是我們的其他目標。**一般人通常同時會有數個目標，然而，若在不同目標間分配自己的能量，就意味著我們很可能一個都無法達成。**股神巴菲特的「5／25法則」，說明的就是這個道理。

麥克．福林特（Mike Flint）是巴菲特的私人機師，他們兩人曾經討論過福林特的生涯目標。巴菲特要福林特花些時間，寫下二十五項自己的生涯目標。福林特老實的將清單交給老闆。後來巴菲特接著要求他選出最重要的五個目標。

現在福林特共有兩份清單：他的前五大目標，以及剩下二十個目標。很顯然，福林特必須立刻開始朝前五大目標努力。巴菲特問他打算怎麼處理剩下二十個。福林特回答，雖然這些不是他眼下的焦點，但仍然很重要，所以一定會挪出時間來努力。

「不，」巴菲特說：「這二十個目標成了你必須竭力避免的二十件事。當然，除非你已經達成前五項目標。除非優先順位在前的事已經完成，否則你不應該對這些事投注任何心力。」

在德比的那幾個月，我們四個就是這麼做的。**其他事物都不重要。我們全心追求單一的目標，把其他事都擺到一邊。**因為，我們有什麼好失去的呢？再怎麼說，這也是能多了解自己一點的好機會。

03 體制外訓練，有時很憤怒，有時很受傷

我們接受挑戰的理由或許各自不同，但彼此都有想要證明的事。

由於我投身運動的時間相對較晚，而且也並非經由傳統管道，因此錯失了加入英國自由車協會體系的機會。每個人都知道，除非你是體系的一部分，否則就不可能進入職業自由車界或參加奧運。

但我野心勃勃，競爭心強烈，想要知道自己可以達到怎樣的境界。我想留下自己的紀錄。在嘗試了不同運動許多年後，我終於找到自己喜歡的項目，而我可不打算讓老舊的體系妨礙我成功。

查理的經驗和我很不一樣。他來自自由車世家，從十二歲就開始比賽。十五歲時，他獲選加入英國自由車人才團隊，這是選手培訓的第一階段。他似乎從那時就已經邁開職業生涯的第一步。

接著，一年過後，雖然在比賽中取得不錯的成績，英國自由車協會卻要他退出。他們給的理由是，他的行為表現並不像個好的運動員。他沒有團隊合作的精神，而且在時間觀念方面也表現欠佳。查理深受打擊，只能尋找其他實現野心的方式。然而他已經在自行車上投入了太多，說什麼都不能放棄。

查理．坦菲爾德的這種「坦菲爾德人格」，很快就成了我們四個的玩笑話。查理和他哥哥哈利一樣，有著悠哉的態度、帶點慵懶的幽默感和揶揄的微笑。他很容易分心，常常同時進行許多瘋狂的計畫，例如在花園小屋中創造自己的碳纖維自行車鞋。

他是出了名的遲到大王，就連比賽時也不例外，顯然對飛快倒數的時間毫無感覺；或許英國自由車協會就是將這些漫不經心的行為，解讀成他不夠投入這項運動。但事實並非如此。在這樣的外表之下，查理其實聰明敏銳，也和我們其他人一樣野心勃勃。被英國自由車協會的培訓計畫剔除打擊了他的信心，而加入我們的團隊成了他重拾信心的方法。

提波也來自傳統的自由車選手背景。他的青少年時期都投身於地區性自由車俱樂部，參與練習和比賽。俱樂部的名字是赫爾斯歐文運動與自由車俱樂部（Halesowen Athletic and Cycling Club），擁有悠久的場地賽傳統（他們的老闆是前世界追逐賽冠軍休．波特〔Hugh Porter〕）。英國的自由車俱樂部，往往會提供年輕車手安全且友善的環境來學習和發展。對提波而言，這樣的經驗也在他心中種下了對自行車的熱愛。

在那幾年間，他很努力想拿出表現。英國自由車協會通常會在全國性公路賽中尋找人才，但他的成績總在最後幾名。在全國青少年追逐錦標賽中，他更是以倒數第二名完賽。距離進入英國自由車協會培訓計畫的標準，他還差了一大截。

和其他眾多運動項目一樣，當懷抱夢想的自由車選手進入青少年晚期後，就得面對重大抉擇。無論是進入大學或選擇就業，都可能讓年輕選手放棄在體育上追求成就。

生活中出現許多新的人事物，以及全新的環境與要求，都讓他們很難再維持一定時間的訓練。然而，提波卻有著強烈的動力持續下去，有部分的原因很單純：他太喜歡比賽了。

在後來的賽事中，他找到了自己的歸屬——公路衝刺型選手，也就是在比賽最後兩百公尺脫穎而出的速度型選手。同時，他也是不錯的短距離計時賽車手。我們剛認識時，他在全國賽的成績和我差不多，但幾乎沒有參加全球性比賽的機會。

提波加入我們的動機很簡單：贏得全國錦標賽獎牌。對他來說，若能實現成為英國冠軍的目標，就會是他生涯的高峰。當時，加入我們似乎是他實現夢想的唯一機會。

由於我們在體制之外，所以擁有很大的自由，能嘗試所有可能讓我們變快的方法。我們可以好好利用自己的優勢，提波的騎車風格就是個好例子。他一開始之所以沒辦法在全國賽取得成績，就是因為和許多體型較高大的選手一樣，他適合比較大的齒輪，而這意味著他的最佳騎乘節奏會比大部分人更慢。

英國自由車協會的教練們一向認為，用較小的齒輪維持較快的節奏才是理想的方式，於是在選手的每個階段都推廣同樣的概念，從菁英奧運團隊到自由車俱樂部的孩童皆然。對孩童來說，踩踏板的速度快一點的確是好事（可以減少成長中關節所承受的壓力），因此如果要為了個別選手改變方法，簡直是機構和後勤組的夢魘。

然而，靈活的團隊能加以評估，判斷快節奏的騎行方式並不適合一個六呎（編按：約一百八十三公分）高的十八歲選手，當然也不適合現在的提波。因此，我們可以做些改變。放慢踩踏板的速度讓提波輕鬆許多——使用比較大的齒輪後，就算運動強度可能較低，但他的速度也有所提升。

有些老手在德比場館看到我們訓練，通常會馬上提出建議，認為大齒輪會影響提波的啟動。但實際上並不會，因為他可以用比我們慢上許多的騎乘節奏，就達到最高速度。

然而，由於英國自由車協會對於小齒輪有某種執著，也因為提波理所當然的想要加入培訓計畫，於是他曾經試圖改變天生的騎車風格。結果我們都知道了，他並沒有成功。

當我們四個人聚首時，強尼和我二十五歲，查理二十歲，提波二十四歲。然而，提波感覺上卻是最年長、經驗也最豐富的。畢竟，他累積了超過十年的比賽經驗，也靠著自己的力量達到當前的成績。開拓出自己的道路迄今，他對於將自己的命運交到其他人手中，其實抱持懷疑的態度。他有時不苟言笑、不好相處，但只要訂定目標，他就會投入一切。

強尼對自行車的野心與我們其他人相當不同。成年之後，他飽受躁鬱症的折磨。在我們認識他之前，心理醫生曾告訴他，運動賽事並不適合躁鬱症患者，壓力和情緒的高低起伏都會令他們難以承擔。然而，強尼很了解自己，自行車會帶給他快樂，就算會有許多高低起伏，他相信對自己來說都是好的。

他從大學時開始認真騎車，卻不太在意比賽。他只是喜歡訓練，喜歡出門痛快的練習一場。當我認識強尼，並且開始討論團體追逐時，他正在努力掙脫一段低潮。加入團隊對他來說像是一種復健；我們需要他，他受到了重視。他覺得如果能在訓練中表現良好，就能對自己證明自我的價值。對強尼來說，那樣就夠了。他並沒有特別想成為英國冠軍或贏得什麼比賽。

雖然理由不同，但強尼和提波一樣必須充滿韌性、自立自強。強尼相信，人們都必須接受自己，了解自己的狀況，並盡全力去面對。他認為，自行車是他證明自己活著的方式。

在狀況不好時，他經常容易羨慕別人的生活，覺得其他人都很完美，都能有所成就，只有他自己的生命空虛且毫無意義。參加自由車比賽，以及準備比賽的努力，都會帶給他希望。

對於能夠和強尼一起努力，並稍稍了解激勵他的動力，我深感榮幸。能在運動上得到這樣的洞見，對我來說也是個影響深遠的學習經驗。

因此，我們全都朝著贏得全國性比賽獎牌的目標努力著。雖然我們的動機各自不同，但最終的目標是一樣的：我們希望向自由車世界證明自己，我們希望讓大家看見，**即便像我們這樣被體制拒絕或忽視的選手，也有能力挑戰體制所培育出的選手**。

如果能了解自己為什麼想要某件事物，或許會有所助益，但並非必要。你可以說查理因為被英國自由車協會的培訓計畫所剔除，所以追求某種形式的報復，或是他想證明他們是錯的，又或是他希望能超越自己的哥哥。或許這些都是他的動機，但這並不重要。無論是否了解自己的動機，都不會影響他騎車的速度。

訂定自己的目標，並投入一切心血和資源來追求。相信自己的直覺。一旦你達成了目標，就會有時間和空間來回顧並自我分析。在那之前，唯一重要的就是前進的動力。

全國錦標賽的前幾個星期，也就是二〇一七年一月初，我們一星期會在德比體育館訓練四到五次。由於大部分訓練都從早上六點開始，我們知道自己必須盡量住得離體育館近一些，晚上才能稍微睡得好些。

住旅館並不是我們的選項，因此強尼提出了一個好點子。他聳肩說道：「你們可以睡我家地板啊。」這個提議很慷慨，但強尼當時住在羅浮堡大學（Loughborough University）的宿舍，如果要讓我們三個睡在地上會有點擠。我們的解決方法是，在離強尼房間最近的公用廚房地板上紮營。

雖然引起許多學生的注目，但他們心胸開闊的接受了我們的存在。睡在大學宿舍廚房地板的缺點之一，就是每當有學生起床上廁所，或是凌晨參加完派對回家，就會觸動自動感應器，而所有公共區域的燈光都會亮起來。

在當時，我們的訓練方式相當簡單。我們天真的相信，如果要在四公里的場地賽中獲勝，最好的方法就是一次又一次在四公里賽道重複騎行。訓練期間唯一的變化，是我們有時會按照比賽的規則，從靜止狀態起步；有時則會在全速前進時才開始計時。但假如有人問我們為什麼要練習後者時，我們也無法提出好的解釋。然而，這或多或少能幫助我們習慣團體前進的感覺。在新的一年開始時，我們也比較有信心，不會讓自己在即將到來的比賽中丟臉。

比賽前一星期，我們到威爾斯參加了團隊的第一場比賽。威爾斯錦標賽是公開的活動，任何英國的隊伍都能報名參加。在命運的安排下，資格賽的對手是和我們一同在德比體育館訓練的蘭德爾輕量級隊。我們主要的目標是三個人完成比賽，我希望試著減少時間，但也不斷提醒自己，假如到達終點時無法維持隊形，速度再快都沒有意義。

一開始我們很漂亮的起跑，提高到最快速度後才進入隊形。第一圈由我領頭，接著退開讓強尼到前方。比賽前的緊張，到此刻都轉化為腎上腺素。接下來的四圈，強尼奮力加速，一眨眼就過去了。

終於能和隊友們一起比賽令人振奮，我們也即將開始實現自己的野心。除了前方的車手之外，我什麼也看不見，但我的眼角餘光還是注意到觀眾和比賽的主辦人員，以及賽道旁的時鐘。我也聽見播報員大聲喊出我們的名字。

第五圈時，強尼按照計畫退開，讓查理成為領跑者。現在，我們和對手在同一條直道上，即將追上他們。查理保持穩定的速度，很清楚比賽已經勝券在握。我緊跟著他的後輪。我們越來越接近，接著，當距離只剩兩公尺時，對手第四人的前輪碰到了第三人的後輪。他們兩人都重摔在賽道上。查理和我無處可閃，和他們狠狠撞在一起，接著滾落在地。隊伍最後方的提波設法奮力將車子拉到賽道邊緣，避開了前方摔成一團的人和車。當查理和我狼狽的滑過木板時，身上多了許多嚴重的擦傷。提波繼續向前騎，朝著剩下兩個震驚的對手大喊：「你們毀了一切！真的毀了一切！」

那時我們的內心動搖且憤怒，身體傷痕累累。但最後也只能從威爾斯開車回家，繼續為全國錦標賽做最後的準備。

04 我有多想贏？連襪子的性能都要比對手強

我們並沒有真的期待打敗英國自由車協會的隊伍，這太瘋狂了。組成隊伍也不過是比賽前五個星期的事，沒有經驗、沒有教練、沒有預算，怎麼可能打敗蟬聯的冠軍？他們可是累積了多年經驗，有專家研究團隊開發設備，還有廣大的選手池。

我知道提波、強尼和查理的目標都只是登場比賽而已。假如分開看我們每個人的實力，要贏得獎牌或許稍微勉強，但仍是合理的目標。而對任何自由車選手來說，在國家的錦標賽中得到獎牌都是了不起的成就。

我的三個夥伴此時都已經見識了我瘋狂的樂觀主義，而這也時常成為我們玩笑的主題。或許我就是如此，才能使自己不斷嘗試新的事物，或是在困難時激勵自己繼續努力；這種樂觀也成為了很有助益的工具。

對自己懷抱更高的期望，訂定遠大的目標，你或許就能更進一步。在準備比賽的那四個星期中，我沒有說太多話，但我興奮的期盼著打敗英國自由車協會的一天。我不確定我們是否真的能辦到，但我的想法是，我們至少能進入決賽。為什麼我會這樣想呢？

答案是自滿。超過十年以來，英國自由車協會都稱霸了全國錦標賽的團體追逐項目。放眼望去，他們沒有對手，所以這樣的比賽對他們來說就成了錦上添花的「訓練活動」。

他們會利用這樣的比賽來測試選手，嘗試不同組合。他們也很少使用最先進的裝備，因為那是保留給國際賽使用的。他們參加全國錦標賽的預設心理就是自己一定會贏，而這樣的心態很危險。我們最關鍵的優勢之一，就是出其不意。假如自由車協會不知道我們有多認真，或許我們就能攻其不備。

我對於在電視上觀看自由車比賽最早的回憶，是威金斯在二〇〇四年雅典奧運的個人追逐賽中獲勝。雖然英國在這之前也得過奧運獎牌——像是傑森．奎利（Jason Queally）四年前在雪梨奧運，一公里計時賽那面出乎意料的金牌，以及博德曼在一九九二年巴塞隆納奧運，比較沒那麼意外的金牌——但雅典奧運，是英國首次看起來像個自由車競賽大國的契機。

英國自由車協會成立於一九五九年，是英國自由車運動的官方代表。協會受到國際自由車管理機構——國際自由車總會（Union Cycliste Internationale）認證，並且能選拔參與國際賽的英國代表隊。

所有英國國內的自由車運動，都必須向英國自由車協會註冊。協會的基地在曼徹斯特體育館旁的辦公室，就在曼徹斯特城市球場的對面。賽事如果在曼徹斯特舉辦，就等於在協會的地盤上比賽。

一直到一九九〇年代末期，英國自由車協會都只是規模很小的機構，只有幾個全職員工和微薄的預算。這項運動在許多志工的協助下才得以順利運作，而年輕的選手都知道，如果想要晉級到比較高階的比賽，就必須盡快成為職業選手。

這通常意味著必須搬到法國或比利時，加入有企業贊助的公路車隊，得到穩定收入（至少男性選手是如此）；除了學習法文，還要學習在艱困的洲際賽中競爭。因此，鮮少有英國選手成功，在那個年代，如果選手想從英國自由車協會得到幫助，恐怕只會遭到旁人嘲笑。

緩慢的流程會扼殺所有創意

一九九六年十一月，改變開始發生，而且還是出現在英國下議院。工黨議員喬恩・泰瑞克特（Jon Trickett）起身質詢英國自由車協會，是否有能力達成其任務。接著，他指控協會缺乏遠見和領導能力，是在浪費國民的稅金。英國體育委員會開始稽核協會，揭露了其中脆弱的財政、粗糙的會計作業和董事會成員之間的利益衝突。

然而，泰瑞克特和英國體協的加入已經晚了一步。早在泰瑞克特在下議院的演說之前，整個董事會已在一九九六年的股東大會，由各自行車俱樂部代表投票廢除。新世代的領導者嶄露頭角，對於英國的自由車運動懷抱著更遠大的願景。

一九九七年，彼得．基恩（Peter Keen）被指派為英國自由車協會的第一任績效主管。基恩曾經擔任全國自由車場地賽的教練，而或許更重要的，他也是博德曼的教練。

基恩在奧運和世界冠軍賽中都引導著博德曼，接著又參加歐洲的公路賽（博德曼在環法自由車賽的開放計時賽中奪冠三次）。此外，他擁有運動生理學的學術背景，因此可以說是兼備了復興英國自由車協會所需要的經驗和現代思考。他將自己的遠景轉化為「世界級表現計畫」（World Class Performance Plan）。

基恩得到英國體育的長期金援，因此能支付薪水給協會的菁英選手，並且投資成立新的教練團隊。接下來幾年，戴夫．布雷斯福（Dave Brailsford）、沙恩．薩頓（Shane Sutton）和羅德．艾林沃斯（Rod Ellingworth）等教練也投入其中，此計畫也成了他們成功的藍圖。

基恩的教練團隊集合了比賽經驗、運動科學和管理技巧，這群有才華又有動力的教練在能力上也能互相補足。他們的目標簡單明確：奧運金牌。他們的注意力集中在場地賽，甚至排除了其他的項目。原因除了是基恩出身於場地賽外，也因為場地賽的成功比較容易掌控，而公路賽則充滿了複雜的策略和意外的變數。而且得到奧運場地賽的金牌，將意味著更多的資金到來。

當基恩在二〇〇四年離開英國自由車協會時，他已經改變了協會的文化，並決定了未來的成功方向。基恩沒有留下來見證協會的成功，並非對組織或團隊的批判，而是反映了他的人格特質。

基恩是個理智且富有遠見的人。對他來說，訂定計畫似乎才是刺激的部分。計畫的執行則包含了更多運動員和工作人員的管理，通常也較為混亂，對他來說吸引力並不高。

離開英國自由車協會後，基恩加入負責在奧運和帕運所有項目中追求成功的英國體育。他訂定的計畫，締造了英國在二〇一二年倫敦奧運中有優異的表現。而英國自由車協會中，則由更擅長團隊管理的布雷斯福接替了基恩的領導位置。

二〇〇八年的北京奧運，讓車手霍伊、維多利亞・彭德爾頓（Victoria Pendleton）和威金斯名聲大噪，並且在英國引發了自行車革命。突然間，每個人都想騎自行車。

自行車從少數人私底下進行的運動，轉變為「新的高爾夫球」——不但有著同樣怪異的時尚品味，而且都能促進身體健康。這樣的風潮讓大眾注意到自行車運動，對於所有草根層級的自由車運動員都有所幫助，我也不例外。

英國對於場地賽的主宰持續到二〇一二年的倫敦奧運。與此同時，布雷斯福也有了多元發展的信心。二〇〇八年，衛星廣播公司「天空」（Sky Ltd）簽約贊助英國代表隊，當時集團的經營者是自行車迷詹姆斯・默多克（James Murdoch）。

布雷斯福向他們推銷的概念是建立職業公路車隊，目標在五年內贏得環法自行車賽。天空集團同意了，天空車隊（Team Sky，英力士車隊〔Team Ineos〕的前身，後者於二〇一九年創立）於焉誕生。當時，英國車隊贏得環法大賽似乎是過於遠大的雄心壯志，甚至有點不切實際，畢竟不過十年前，英國自行車的發展還遠遠落後。

然而，布雷斯福有個計畫。在天空集團參與的初期，英國自由車協會和天空車隊幾乎密不可分。執行層面上兩者之間並沒有清楚的界線，而布雷斯福是兩者的負責人。天空車隊利用了英國自由車協會全部的知識和資源；事實上，天空車隊可以說是以世界級表現計畫為基礎所打造。基恩曾經宣稱，天空車隊「資產剝奪」了英國自由車協會。

成功比意料中更早發生。威金斯在二〇一二年贏得了隊伍第一座環法車賽冠軍，而成功就這麼延續下去，著名的選手包含了克里斯・弗魯姆（Chris Froome）、傑蘭特・托馬斯（Geraint Thomas）和哥倫比亞籍的伊根・貝爾納（Egan Bernal）。

然而，成功有其代價。到了二〇一六年，英國自由車協會捲入許多爭議，包含性別歧視、霸凌和惡質管理文化等指控；甚至出現了與天空車隊相關的禁藥傳聞。國會成立了調查委員會，在下議院質詢。這起事件，距離泰瑞克特在國會質疑自由車協會的能力和表現已經過了二十年，協會又再一次遭到指控。這一次，控訴的內容是為了追求勝利而犧牲了選手和工作人員。二〇一六年，領導階層再次大搬風，由新世代的教練登上領導位置。

然而，即便有了改變，世界級表現計畫至今仍影響深遠。如今，培育潛力選手朝奧運努力的體系，與基恩在二〇〇〇年代初期所建立的幾乎完全相同，共由三個階段構成：

1基礎：對於十四歲到十六歲間的選手，英國自由車協會開始投注資金，培育他們朝下一個階段發展。

2學院：這個階段分為兩個部分——十六歲到十八歲的初級選手、十八歲到二十一歲的進階選手。在初級階段，選手會接受比基礎時更密集的訓練，並安排參加國際性比賽。進階的選手則是以精進為目的，為頂尖的國際賽事做準備，也是培訓的最後階段。

3頒獎臺計畫：英國自由車協會形容這是菁英選手的「登峰造極」階段，奧運獎牌和世界冠軍都觸手可及。每個選手都得到英國自由車協會的全面支持，並且享受所有資源。

對我來說，這個結構本身並沒有什麼問題，而且很有道理。英國自由車協會就這麼運作了將近二十年，又為什麼要改變呢？

到了二〇一六年時，改變已經發生；大部分締造北京、倫敦奧運成就的人都已經離開。關於英國自由車協會文化的惡性副作用遭到揭露後，新的領導階層理所當然希望實行新的措施，防範這樣的惡質行為再次出現。這意味著為每件事都制定流程。

我在二〇一六年參加英國菁英層級（elite level）的公路比賽和計時賽，這類的場合總是充滿了熟面孔——固定的幾百個選手每隔一個星期就為比賽見面一次，暢談自行車界的各種八卦流言。當時的傳聞是，英國代表隊因為官僚體系而陷入泥淖中，所有創新的想法和創意都被扼殺。我對這樣的流言抱持懷疑的態度，但事實證明情況的確如此。

扼殺創意的例子之一，就是假如某個教練有了創新的方法，他必須書面獲得三位管理者同意。最好的情況是方法的測試會有所延遲；最糟的情況，則是教練會根本不想提議。

如果在任何體育項目中想**達到頂尖表現，最重要的是可以快速、靈活的嘗試新方法**。運動員都很忙碌，他們可不想枯等著一群工作人員進行漫長的討論。嘗試新想法的速度越快，就能越快找到實用的方法，並且讓表現真正得以提升。

給我一個場地和車手，我就能在兩個小時內進行十五次空氣動力測試。在相同的時間內，英國自由車協會大概只能做五次。不同之處首先在於協會牽扯的人更多，每個人都想發表意見。其次，由於協會管理方面的歷史，他們的系統並不以選手為中心。他們做任何事都不將選手放在中心，這就是為什麼他們可以讓選手在體育館中枯等，因而產生負面的觀感。

英國自由車協會的成就還有另一個層面的影響，也就是其中的職員總會直覺性的保護自己的工作和名聲。二〇〇八年和二〇一二年獲得奧運獎牌的團隊，共由三個部分構成：對於看電視的觀眾來說，選手和教練是注目的焦點，但背後還有眾多的後勤人員，包含工程師、物理治療師、心理醫生、按摩師、技師、營養學家等。

自行車教練通常都專注在了解並改善選手的生理狀態，對於流程方面的重視則是新興趨勢。在北京奧運之前，有一群自稱為「密探松鼠俱樂部」（Secret Squirrel Club）的人聚在一起，開發了英國代表隊使用的器材——自行車、安全帽、車衣、鞋子，以及其他選手在比賽中使用的配備。

他們的研發方式嚴謹而急切，使用的預算也很可觀。密探松鼠俱樂部最著名的代表人物就是博德曼。參與團隊的每個人都很聰明，受到良好的教育，並且擁有相當豐富的專業知識。

不要看對手的表現，要看他們成功的方式

英國在這兩次奧運的成功，結合了最新的生理科學（來自羅浮堡大學的支援），以及

密探松鼠俱樂部提供的速度提升配備。

到了二〇一六年，他們的心態開始改變。教練團隊將這些年來的成功都歸結於生理科學進步，配備的發展幾乎沒有造成任何影響。這大錯特錯，也很愚蠢，簡直就像在說物理對移動中的物體毫無影響一樣。牛頓聽了都會從墳墓裡爬起來。

也像是說F1賽車的勝負完全由引擎決定，空氣動力毫無影響。又或是說游泳比賽的勝敗完全取決於選手的力量，和他們泳衣的光滑程度並不相關。更進一步來說，菁英跳水選手如果不是靠著牛頓第三運動定律的作用和反作用力，又如何能從跳水板上達到需要的高度？

在任何運動項目中，**唯有徹底了解並優化所有影響表現的因素後，才能獲得成功**。每項因素的權重不同——舉例來說，空氣動力對自行車的重要性顯然勝於體操——但團隊中對於各項的重視必須達到平衡。說白了就是對於每個領域的專家都必須給予足夠的尊重。

無論英國自由車協會的教練是否真心相信上述的觀點，或只是想保護自己的飯碗，結果都是隊伍中有部分曾經是關鍵人物的聰明人受到孤立。密探松鼠俱樂部解散了，協會和羅浮堡大學的關係也告終。

英國自由車協會不再以團隊方式運作。越來越自滿，甚至到了傲慢的程度。他們的心態從創新與創意，轉變為故步自封。再加上官僚系統的繁文縟節，也難怪他們車隊的速度不再提升。

和所有的科學領域相同，運動科學也持續進步。許多大學都鼓勵挑戰並改善既有的概念。商業科技公司在這個過程中也扮演重要的角色，提供更多更精密的科技來支持研發，也進而提供運動科學領域的畢業生職涯發展的機會。

假如F1賽車因為龐大的資源和對科技的依賴，而成為運動科學發展的巔峰，那麼自行車、跑步和划船等耐力型的運動就充滿了傳統與科技的衝突。自行車界中，還有許多人並不了解訓練的生理學，但生理學的知識和架構是訓練選手所需要的穩定基礎。英國自由車協會在二〇一六年遇到的問題是，他們仍然偏好已經過時了十多年的訓練模式，而十多年對運動科學來說可是很長的一段時間。

二〇一七年初，我看見了機會。英國自由車協會的自滿，意味著成績將無可避免的停滯。任何準備好用創新的眼界投入團體和個人追逐賽的選手，若能快速靈活的嘗試新想法，就能有所斬獲。

我們或許只是一群還未證明自己的業餘人士，但我知道，假如持續努力，不將一切視為理所當然，就能夠快速成長提升。舉例來說，通常團體追逐賽改變領頭選手的頻率是一圈一次，也就是整場比賽十五次。照慣例來說都是這麼進行，但是我覺得這太誇張了。

簡單的數學計算告訴我，每次交換都會花十分之一秒，而這只是領頭選手退到隊伍最後所損失的時間。更進一步思考，變換位置會擾亂團體的順利前進，步調可能會因此加快或減緩，而隊伍的空氣動力輪廓可能會變得混亂。那麼，為何不減少換位次數呢？假如每兩圈換一次，就能將次數減半，並且節省了將近一秒的時間。這對我來說如此顯而易見，讓我很意外從沒有人這麼做過。

面對比自己強大、資源更豐富、歷史更輝煌的對手或體系時，我們很自然會感到畏懼。但是我們應當謹記，每個體系都有缺陷，每個人也都有弱點。只要了解到對手都是有缺失的，我們就能肯定自己有機會獲勝。

逆向工程的基礎概念，就是仔細研究某事物。假如汽車製造商想要了解對手如何打造出新的高效能電動車款，就必須盡可能蒐集與該車款相關的資訊，並帶著鑑識的眼光來審視所有的資訊。

最理想的狀況，是他們設法弄到一部車，並且將其完全拆解。這間製造商並不是只想完全模仿對手的設計，而是追求改善進化。因此，他們拆解車輛仔細研究，同時**也保持開放的心胸，思考進一步研發的可能性**。

逆向工程也廣泛應用於軟體開發，特別是當開發者希望在既有的產品加上新的功能時。例如軟體公司測試安全性的強度，也經常運用逆向工程的概念。有些公司甚至會僱用所謂的「道德駭客」來入侵他們的產品（在他們的許可之下），看看產品是否會遭到破解。

有趣的是，在上述每個應用逆向工程的情境中，都假設產品或系統可以再改善。無論你為自己訂定了什麼挑戰，都應該從「系統有所缺失」的角度出發。

面對跨國公司的求職面試？記得，這些公司的經理都很討厭拖延每個決策的官僚體系。或許你能從中找到機會。面對過往成績輝煌的運動對手？記得，戰功顯赫的選手通常都會固守過時的準備方式，有時候也會變得自滿；他們的成功會變成最大的弱點。除此之外，他們總有一天會開始戰敗，你或許就是打破傳說的奇兵。創立小企業卻覺得自己一直在賠錢？記得，和你領域相同的對手公司也有過和你完全相同的經驗。他們會犯錯，而且會持續犯錯。

不斷拆解事物。不要看對手的表現，要看他們成功的方式。而更重要的是，看見自己如何成功，找到適合自己的道路。讓自己不一樣，麻煩一點、惱人一點，必要的話甚至可以當個笑柄。你知道自己的目標。

在成功之前，你是個瘋子；但成功後，你就是天才。在逆向工程中，我們會拆解自己想要達成的目標，更深入去了解，並看見其中的不完美。這個過程會帶給我們面對挑戰的勇氣。

什麼是逆向工程？連襪子都要思考怎麼改善

在追逐賽中，「襪子」很重要，就像是F1賽車中的後照鏡一樣——乍看之下只有很單純的功能，實際上卻擁有改變表現的神祕力量。在這兩個例子裡，祕密就是空氣動力。當自由車選手騎車穿過空氣時，他的腳部會是造成最大亂流的部位。腳掌、腳踝和小腿肚並不是自然狀態中最符合空氣動力的物體。再加上鞋子上的帶釦、帶子和鞋帶，更增加了許多擾動空氣的形狀和表面。

在空氣動力學中，我們的目標是追求光滑、阻力最小的表面。最讓空氣動力學家快樂的事，就是平順的穿過空氣，幾乎不造成任何擾動。因此，所有認真的追逐賽或計時賽選手，都會在鞋子外面套上長襪。

所有鞋子和腳踝造成的凹凸表面，都會被乾淨的包覆在空氣動力襪（aero socks）裡。表現提升的程度取決於襪子使用的纖維，因為這會影響腳部、腳踝和小腿肚周圍的氣流；另外一項因素則是如何隱藏所有的接縫處。

為了尋找幫助我們達成目標的完美選擇，我們買了市面上許多不同類型的空氣動力襪，測試它們的空氣動力表現。然而在我們的測試中，沒有任何一款襪子達到宣傳所標榜的優秀性能。

我們研究這些公司如何設計襪子，挑選優良的特點，捨棄不良的設計，最終創造出自己的版本。我們找到願意幫忙的專業公司，向他們傳達需求，並且以信用卡支付了款項。公司向我們保證，在全國錦標賽之前就可以拿到新的襪子，而且會有充足的準備時間。

即便整個系統看起來堅不可摧，缺點看起來多麼微不足道，但一定都還是會有改善的空間。F1就是個好例子：在這項競技中，人們投注大量資源來換取微小的進步。F1賽車是世界上汽車科技的最高結晶，設計的目的只有一個，贏得冠軍。

數百萬英鎊和多年的研究開發，為的就是讓車子的每個部位，盡可能符合空氣力學。在賓士F1車隊工作時，我花了六個月時間研發設計賽車的後照鏡。我們會製造出原型，拿回實驗裝置中分析，根據蒐集到的數據加以改良，再製造出新的原型。

這個過程會一再重複，曠日費時。團隊裡的每個人都承受很大的壓力，必須拿出成果。即便是最微小的空氣動力效能提升（特別是結果可以被重現），都可能是決定勝敗的關鍵。

當時，賓士團隊有著豐厚預算，因此在追求車輛改良時，金錢幾乎都不是考量的重點。唯一的限制是時間——假如你有提升車輛表現的點子，管理階層會希望你越快實踐越好。因此，我們會投入大量的時間測試。

二〇二〇年五月，歷經了與各隊伍的漫長協商後，F1賽車的主辦單位宣布從二〇二一年開始，車隊的年度預算上限是一億一千九百萬歐元（編按：約新臺幣三十五億六千九百萬元，一歐元折合新臺幣約二九．八元）。根據估計，較大型的車隊每年支出都超過三億歐元，新的預算上限代表著大幅削減人事、研究和開發的能量。

預算上限主要的目的，是希望能讓這項運動在經濟上和環境上都更永續，並且平衡隊伍之間的實力。F1賽車已經高度發展，而大型車隊最大的風險，就是在知識上自滿。這些車隊已經習慣一擲千金來解決問題，如今則必須改變團隊文化，更有創意的運用較少預算。新的規則也讓習慣用較低預算創新突破的小型車隊，離頒獎臺更近一步。

運動科技光譜的另一端是鏈球。這項運動可以追溯到十五世紀，是奧運早期的田徑項目之一。鏈球在一九〇〇年的第二屆奧運會出現，至今仍是比賽項目。離開賓士車隊的工作後，我加入了名叫「Pace Insights」的體育顧問公司，協助英國田徑協會發展科技與流程。投擲類的運動立刻就引起我的興趣，特別是鏈球。在鏈球運動中，運動員必須將連接鏈條的沉重圓球，盡可能擲向遠方。除了只能在特定的圓圈範圍內投擲，選手可以使用任何他們覺得有效的技術投擲。

在鏈球的現代歷史中，訓練重點總是聚焦在找到最佳投擲技術。技術與力量結合，應能賦予鏈球足夠的速度飛到空中。而教練的指導也到此結束，在選手讓鏈球脫手後，他們認為鏈球的飛行就不在自己的掌控之中了。

我對於空氣動力學深感興趣，因此注意力並不放在運動員的投擲技巧上，而是鏈球的飛行。鏈球這個物體和賽車、自行車一樣，都受制於同樣的空氣動力原理。

運動員盡了自己的努力，用最大的力量將球擲入空中。接著，鏈球就會開始減速。我想知道鏈球在空中的表現。當鏈條和把手在鏈球後方翻動時，會造成怎樣的拉力和影響？

空氣動力如何影響飛行的軌跡？風在比賽中又扮演了怎樣的角色？

F1賽車的工程師必須完全熟悉賽事規則，這對他們的工作至關緊要，因為**了解規則後，他們才能在符合規定的邊緣，搾出最後一點速度**。我在賓士車隊的另一項任務，就是帶著鑑識般的審慎眼光來閱讀規則書，並且寫信向國際汽車聯盟（ＦＩＡ）確認特定規則的意涵。寫這樣的信也很需要技巧，我不能暗示自己意圖鑽漏洞，也不能洩漏太多自己的想法，因為所有詢問規則的郵件都必須向其他隊伍公開發布。

在鏈球比賽中，世界田徑總會所發布的規則書只有一頁Ａ４紙。鏈球必須是球形，尺寸必須在特定範圍內，有重量的下限但沒有上限。有規範鏈球的材質，但對於表面的凹凸或加工則未有細節要求。雖然有規定鏈條的長度和直徑，以及手把的構造，但也就只有這樣了。

當我發現對於鏈球設計的規範如此粗略，立刻就想到其中一定有許多優化的空間。換句話說，我可以將在Ｆ１賽車中學到的一切，都應用在鏈球上。我可以為鏈球的飛行軌跡建立模型，分析對其作用的力，研發並測試不同的版本。

就我所知，沒有其他國家這麼做，因此英國在面對奧運競爭者時能擁有一定的優勢。不幸的是，無論如何改善鏈球的空氣動力，英國當時並沒有任何鉛球選手有實質上的機會能贏得奧運獎牌，因此我的提案就這麼被擱置一旁了。

之所以提到這些故事，是因為從資本雄厚的Ｆ１賽車到樸實無華的鏈球，無論什麼運動都會有改善的空間。單一來看可能都很微小，但結合在一起，就可能意義重大。

最重要的地方是持續探尋，**研究事物的運作方式、環境和規則。思考事物存在的原因，並質疑和挑戰這些想法**。有時候你或許會發現，某些事物是經過多年測試和分析後的產物——例如Ｆ１賽車的後照鏡。有時候你則會發現，某些事物僅僅因為人們的自滿，而從未受到挑戰——例如鏈球。鏈球的規則為必須是球體，但是否能利用表面的凹陷或裂痕來改善空氣動力的表現？假如球體灌滿固體物質，應該要用什麼物質？多重？重心又該在哪裡？

正是這些問題讓我徹夜難眠。在上個章節，我們開始檢視系統的缺陷。仔細研究一個系統，我們就能找出缺失之處，並想出替代方案。這必定會有所助益。

然而，假如你的做法是優化一切，不將任何事物視為理所當然，你就能自然而然開始利用系統的缺失。你甚至不需要知道具體的缺失之處。

我的立場是，**所有的表現都可以被改善，即便改善的空間非常細微**。我們持續追尋更好的表現，並總是**對所有的細節保持警覺**。

05
告訴自己「我是最快的」，然後成真

自由車賽道的場館有項特殊之處。或許是因為大多數的自由車比賽都舉辦在開放的道路上，或是野外的山地自行車，因此可能會讓觀眾覺得難以接近。自行車的室內賽道則像是美式足球的球場，設計的重點是娛樂性和戲劇性。

身為觀眾，當你進入場館，爬上樓梯，第一次看見下方的賽道時，會感受到同樣的興奮和刺激。賽道傾斜的角度大得不可思議，音樂振奮人心，選手在圓圈中飛馳，整個空間中充滿了濃縮的強烈能量。

在賽道中央，選手和支援小組正在為比賽忙碌準備。整個區域被圍欄分為數個部分，各自都擺滿了自行車、工具袋、滾輪和筆記型電腦。這是讓自由車場地賽如此吸引人的原因——假如你想要，甚至可以觀賞選手的全部準備過程。

一開始是滾輪上的暖身，拉上上半身的緊身車衣，戴上安全帽，在手上塗石灰粉增加抓握時的摩擦力，冷靜的走到賽道旁的等候區，坐著看著前方，具體想像自己等一下在比賽中的任務，接著慢慢走向賽道，他們的車就在那裡等待著……。

當然，對選手來說，賽場中央是工作的地方。訓練時，場館除了十多個選手和教練之外空無一人，他們可以聊天、恢復和放鬆。到比賽時，場上多了觀眾和對手，讓氣氛緊繃許多，一觸即發。

從觀眾席上看起來，整個環境似乎很冷靜，實際上卻像個壓力鍋。選手面對壓力的方式各有不同。有些人像強尼一樣，在這樣的氛圍中特別歡欣振奮，隨著音樂晃動身體，並不時和其他隊伍鬥嘴。我則剛好相反，總是低著頭，專注在每個步驟。

在二〇一七年全國錦標賽的前兩個星期，我經歷了許多自我懷疑。前四個月，我認真為三場比賽進行規畫和訓練：個人追逐賽、一公里追逐賽和團體追逐賽。在前兩場個人賽中，我認為自己奪牌的機率很高，甚至可能奪冠。而在團體追逐賽，雖然我在隊友面前總是保持信心，但內心卻不那麼肯定。我們只進行了四個星期「有意義」的團體訓練。除此之外，團體追逐賽中可能出錯的地方太多了。實務遠比理論複雜得太多。

我的訓練都是根據計畫進行。**在每個階段，無論地點是賽道、公路或健身房，我們都有各自的「可量化目標」**，其中包含力量輸出，或是保持特定心律一段時間，以及健身房中的反覆訓練。訓練中的每個層面都對照著計畫，而我對自己的計畫有著高度自信。除了少數的日子外，我總是能達到自己的目標。

雖然在威爾斯的摔車對隊伍來說是個挫敗，但查理和我都只有皮肉傷，幾天之內就復原了。我並沒有懷疑自己的理由。這樣的自我懷疑應該是源生於我加諸自己的壓力。我看見了留下紀錄的大好機會，因此在大步前進時，偶爾踉蹌也是正常的。

控制所有細節，才能輕鬆進入心流狀態

某個下午，當提波和我開車經過德比市區時，我提到了自己的感受。我說自己的表現並不如預期。提波盡力提振我的信心，提出了一個很棒的譬喻。

「在訓練時總是很難像比賽那樣傾盡全力。」他說：「倒回一千年前，當人類被老虎追時，你會竭盡全力，因為你命懸一線。比賽時，你的身體對所有的感官會做出最自然的反應，讓你得以表現出超越平常的實力。」

這個建議對我幫助很大，而我日後也謹記在心。運動員可能在訓練時覺得有點混亂鬆散，但在關鍵時刻，身體就會表現出必要的程度。

無論如何，我們都在那四個星期中做了充分的準備。每個人都知道自己的角色。我們

的交通和住宿也有了詳盡的安排。我們知道自己要吃什麼、何時吃，又是誰負責準備。我們知道誰負責幫輪胎打氣，在每場比賽中又該使用哪些配備。每個人都拿到一張時間表，記錄了錦標賽那個週末每一分鐘的安排。而臨門一腳的打氣，則是在我們出發前往曼徹斯特的那個早上，新的空氣動力襪終於送到了。

個人追逐賽在星期五，一公里賽在星期六。團體追逐賽的資格賽和決賽（如果能順利闖進）都在星期天。強尼也會參加一公里賽。查理和提波則會參加個人追逐賽。

在比賽前幾個星期，我與大學時期認識的心理學家馬克・基普（Mark Keep）合作。馬克對我助益良多，讓我見識了他所謂「心流狀態」的好處。心流狀態並不是什麼新的概念，事實上早在一九七〇年代就已經出現，並廣泛應用於許多領域中。

許多人稱之為「全神貫注」（being in the zone）。菁英運動選手在回顧時，總會說自己在巔峰表現時處於心流狀態。然而，馬克建議我要主動創造心流狀態。假如我能辦到，所有的焦慮就會消失，然後在生理狀態允許下展現出最佳的表現。

在心流狀態中，運動員會完全沉浸在眼前的任務，放下無謂的自尊，並全然自制，對於比賽抱持正面的態度，了解自己的能力已經符合比賽的需求。先決條件是必須有詳盡的規畫；**假如我能控制比賽當天的每個層面，就能放鬆進入心流狀態，明白自己已經照顧到所有細節。**

個人追逐賽的資格賽在星期五早晨，決賽是星期五下午。在資格賽登場前的幾分鐘，所有的懷疑都煙消雲散，取而代之的是順其自然的心態。該發生的事就會發生，除了盡全力表現外，我不能再多做什麼。沒有更多訓練，不再需要擔心睡眠、飲食或設備。我只要去表現就好。

當我坐上自行車時，觀眾並不多。和奧運決賽不同，觀眾並不會在開賽前安靜下來；在比賽最初幾輪，觀眾總是持續聊天，吃零食，傳訊息給朋友，而賽場中央的運動員同樣也不會太注意。播報員用相對平淡的口氣廣播，只會提供一些關於每個選手的基本資訊。這些對我來說都不重要。我的目標是四分二十五秒，這樣的成績應該足以帶我進入決賽。我在資格賽的對手是英國自由車協會的馬修．沃爾斯（Matthew Walls），這給了我全力以赴的更大動力。沃爾斯並不以個人追逐賽的表現出名，但他是個有天分的跨項目選手，也是個很值得挑戰的對手。

我衝出起點的柵門，加速到最高速，並進入符合空氣力學的俯身騎乘姿勢。終於參加比賽的感覺真好。我傾注全力騎一開始的幾圈，甚至有一點太過努力了。我按照計畫進行，而沃爾斯比我預期的更快落後。一公里過後，他就進入我的視野中，而再過五百公尺，我追上並超越了他。觀眾似乎清醒了。

在那之後，我只是努力保持同樣的速度，讓我的腿部肌肉燃燒，維持深沉而規律的呼吸，並忽視背部和肩膀越來越強烈的痠痛。我全神貫注的依循著賽道上標示最短距離的黑線。在最後幾圈，我擠出全身僅剩的每一分力量，盡可能快速踩著踏板。

碰！結束的槍聲響起。我放鬆下來，讓腿部隨著踏板轉動。「最快的時間……」播報員大喊。在直線賽道上，我抬頭看向末端的記分板：四分二十二秒零二三。目前最快的紀錄。我很滿足。

幾分鐘過後，當我在賽道中央收操時，剩下幾個選手的比賽也結束了。沒有人超越我的紀錄，但查理很接近。他是第二快的合格者——我們將成為決賽時的對手。

等待時間漫長、無聊而讓人不安。要回到我們的租房處有點浪費時間，所以我吃了一頓不錯的午餐，聽了一些音樂，好好的拉了筋，然後在場館附近散個步。在賽道中央和場館附近，我遇到許多認識的人，但很難和他們進行深入談話。他們大部分都經驗豐富，也知道在大型比賽前，很難和其他選手談什麼有意義的內容。

每當談到生理上的感受時，自由車選手通常會提及他們的腿。雖然運動科學發展至今，在運動表現上，這樣偏向直覺的層面仍然值得重視。當我開始為決賽暖身時，我的腿感覺很好。

雖然這帶給我信心，但當我在起點線騎上車時，仍然感到緊張不安。我的第一件全國冠軍車衣近在咫尺，只要再忍耐不到五分鐘的痛苦就好。車道的另一端是查理，他是我的朋友和訓練夥伴，但此時此刻，我把這些念頭都拋諸腦後。

他把我逼得很緊。一圈又一圈，我們距離彼此只有不到一秒。我告訴自己不要慌張，要維持好的騎乘姿勢。痛楚在我的大腿和小腿流竄，我的肩膀和脖子也痠痛難耐。

接著查理開始慢了下來。他最後一次勉強加速，接著我終於能稍微放鬆。當我繞過彎道時，抬頭看了一下大銀幕，發現我的名字旁邊出現「一」的數字。我以四分二十二秒零一的紀錄贏得冠軍。查理比我慢了四秒鐘。

那一瞬間，所有的成就感和隨之而來的情緒在我內心翻湧。我的第一座英國冠軍，給了我穿上著名冠軍車衣的權利，白底的車衣上面有藍色和紅色的環。所有的訓練、犧牲、自我懷疑和焦慮，全都換來了甜美的成果。查理向我道賀，提波和強尼拍我的背，而在我意識到之前，自己就被推向了頒獎臺。

只要用光體力，另一面金牌就能到手……

我以前也曾贏過自由車比賽，但領獎的經驗通常是某個星期天早上，在小村莊的禮堂中拿到一個信封和一座小獎盃。此刻，臺上卻有著贊助商的背板、一大堆的花朵、莊重的握手。我套上閃亮耀眼的車衣，沉重的獎牌掛在脖子上，並且和查理互相潑灑氣泡酒。

我想大肆慶祝一番，但隔天我得參加一公里計時賽。當天晚上，我輾轉難眠。我的身體充滿了腦內啡和咖啡因，我的內心則重播著決賽、頒獎典禮、記者訪問等畫面……我的視線不由自主的投向床腳的全國冠軍車衣。

到了早上，我的雙眼迷濛、雙腿僵硬。按照慣例吃完早餐後，我得靠更多咖啡才能讓自己動起來。我們四個人開車到比賽場館，準備再次重複前一天的行程。我知道自己得重新集中注意力。

一公里賽的痛苦短暫許多。沒有資格賽，直接就進入決賽。只有一次機會把事情做對。從靜止出發，你必須運用全身的力量讓車子前進，而由於你必須使用較大的齒輪，所以這和在健身房做硬舉差不多。

一旦你成功讓車子出發，就必須盡快達到全力衝刺的速度，接著竭力保持這樣的速度五十秒左右。在賽道上，你並不知道自己的表現和對手比起來如何。沒有什麼技術的細節，只有單純而粗暴的努力。

菁英運動員學會相信自己的準備。當我在第二天踏進賽場時，即便我的內心還因為前一天而浮動，我知道我可以相信自己的準備，能以正確的狀態站上起跑線。

從早上起床到踩下第一下踏板之間，我的每個動作都經過規畫，雖然是可預測的無聊慣例，但正是我所需要的。我的心智可以進入心流狀態，排除內心其他的雜音，僅專注在完成下一個步驟，無論是吃飯或綁緊鞋帶皆然。

我按照計畫進行，然後意識到自己已經坐在自行車上，看著前方的賽道。自信心讓我感到飄飄然，我是一個項目的全國冠軍，我可以再拿下另一個。**「你是最快的」，我這麼告訴自己**。

只要在接下來一分鐘把體力用光，就能有另一面獎牌入袋。我知道這聽起來很自大，但在那個情境中，你的思考方式將會影響結果。告訴自己你做得到，那麼你真的辦到的機率就提高了。

追逐賽的重點在於創造人與機械之間的和諧，而相對之下，一公里賽中車手似乎都在對抗自己的車。我的起跑不錯，有足夠的爆發力，但在前五百公尺並沒有太深入汲取自己的能量庫。

人們常常犯的錯誤就是一開始速度太快，在最後兩圈後繼無力。這樣保留體力的起跑，讓我在下半段也能維持足夠的速度，並且承受全身的痛楚繼續前進。這樣的痛是宣洩性的，而且很快就會結束。

我以一分零三秒零二的成績完賽，短暫等待其他人的成績登錄後，我確定奪得冠軍。另一座全國冠軍，另一件紅、白、藍的車衣。我感到狂喜。我在過去未曾參加過這個層級的賽事，而現在卻有了兩座冠軍。我的喜悅如此強勁，以至於當自行車媒體詢問我關於團體追逐賽的事，以及是否可能三連霸時，我完全脫稿演出。

「我們在練習時成績不錯，也有很強的腳力。放馬過來吧，英國自由車協會！」我繼續補充說：「我覺得星期天會是他們挑戰我們。」

不久之後，熱門新聞網站「Cycling Weekly」刊登了標題為「全國錦標賽中，Brother NRG向英國自由車協會車隊發起挑戰」。當隊友們看到了我輕狂的言論，他們都稍微有點不滿。

我們的計畫原本是盡可能低調的參加團體追逐賽，出其不意打敗英國自由車協會的隊伍。當天晚上，在我們租的房子裡，我承受了許多還算友善的批評。我已經證明自己是個很棒的選手，但在面對媒體時，我還有很多學習的空間。

隔天早上，每個人都很緊繃。我們必須先通過資格賽，主要也得讓自己得到一些信心。以四人團隊成員的身分踏上賽道，和自己一個人這麼做感覺截然不同。

這是大家共同的努力。壓力不再是不要讓自己失望，而是不讓隊友失望。我們都知道，假如按照計畫進行，我們就有可能得到獎牌；但我們未曾經歷過這樣的狀況，受到上千觀眾的注目，攝影師不停拍照，電視轉播員念出我們的名字。

我在團體追逐賽資格賽的緊張程度，甚至勝過前兩天的兩場決賽。我覺得自己必須為團隊的表現負責。我一直是讓團隊凝聚在一起的力量，而我的許多想法都成為我們準備過程的一部分。另外三個人都為了這項計畫，而暫停了人生的其他規畫。我知道我們有能力表現得很好，但我也很清楚，一個錯誤就足以讓我們的夢想瞬間且尷尬的告終。

我其實根本不需要擔心。資格賽完全按照計畫順利進行。提波關於逃離老虎的譬喻對我們四個來說都很有效，在個人和集體的層面皆是如此。我們都超越了自我，並且以團隊的型態更有彈性的前進，共同努力維持快速的步調。

在比賽中，我隱約覺得有什麼不一樣了。我們的騎乘風格有了嶄新的突破。或許是比賽的腎上腺素，又或許只是因為我們的速度比平常快了很多。無論原因為何，我都有了上癮的感覺。

我們完賽的時間是四分八秒四，是成軍以來最快的紀錄。幾分鐘之後，我們驚訝的發現英國自由車協會資深學院的團隊「100% ME」（這個隊名的品味不太好，目的是宣傳英國反毒單位的教育計畫）的紀錄是四分十三秒二。

我們以最快的成績通過資格賽，而100% ME隊則是第二，這意味著我們將在決賽相遇，也代表我們至少能獲得銀牌。

資格賽意外的成績，以及我對記者的瘋狂宣言，都讓英國自由車協會從沉睡中清醒。突然之間，他們意識到勝利不再是理所當然，必須全力一拚才能獲得金牌。他們的技師找出了最快的輪胎替隊伍的自行車換上。

隨著比賽靠近，場館中充滿了觀眾。我的腦袋鬧哄哄的，充斥了壓力、腦內啡和大量高濃度咖啡。然而，我也感到平靜；和心理學家馬克的共同努力幫我很多。一切都在掌控之中，我明確知道自己在比賽槍聲響起之前，每一分鐘應該做什麼。

強尼就沒那麼冷靜了，他認為自己的後輪狀態沒辦法參加團體追逐賽的決賽。於是在比賽開始前二十分鐘，他在賽場中央到處請求別人借他更好的輪子。他拿到一個，裝在車上，然後來到起點線。在最後幾分鐘，比賽播報員開始帶動氣氛，把這場比賽稱為「大衛對歌利亞之戰」（編按：《聖經》中少年打敗巨人的奇蹟故事），一一喊出八個參賽選手的名字。

隊上其他人看起來和我差不多緊張。由於對手在賽道的另一端，我們沒辦法清楚看見他們的模樣。我曾經和其中幾個人交手過，但是都不是這麼高階的比賽，我能想像他們感受到的壓力。

英國自由車協會的總教練伊安．戴爾（Iain Dyer）站在一旁看著隊伍做最後的準備。從二〇〇四年雅典奧運開始，他就是英國自由車協會的重要人物之一。對他來說，全國錦標賽和世界盃、世界冠軍賽及奧運相比，大概是相對不那麼重要的賽事。

然而，我想他會希望在錦標賽中尋找有潛力的新選手。我沒有天真到會相信自己將在星期一接到電話，邀請我參加奧運計畫；不過，我的雙料冠軍成績至少會引起一些興趣。

倒數計時器聲音響起。我們用盡全力讓車子開始前進，並漸漸加速。一旦達到最高速度，所有的緊張感都蒸發了；我們全神貫注在比賽上。雖然步調並不完美，一圈在十四．三秒到十四．八秒之間，但隨著比賽的進行，卻開始拉出了優勢。

強尼領頭的部分結束，在十六圈的第六圈時退到後方。最終的紀錄並不重要，唯一重要的就是獲勝，無論領先幅度多少都無所謂。我知道假如距離很接近，對手可能會在最後一圈全速衝刺，奪走勝利；因此，查理和我繼續施壓，希望提波可以撐下去。

通過最後彎道，進入直線賽道時，我們與對手並肩向終點線衝去。槍聲為我們響起，然後不到一秒後，又為 100% ME 響起。我舉手慶祝時，聽見觀眾的歡呼。我們辦到了，挑戰了英國自由車協會並獲得勝利。

100% ME 的選手並不高興。當他們回到賽道中央的休息區時，有些人癱坐在椅子上，有些人則生氣的摔東西，其中一人甚至摔了自己的車。他們在比賽中投入了許多情緒，或許也已經意識到這可能會影響到他們的選手生涯。他們的教練震驚而沉默著。當戴爾看著我們慶祝時，有人聽到他說：「看到他們慶祝的樣子，還以為他們贏了奧運呢。」

當然，對我們來說，這就是奧運會，這是我們當時在自由車運動中所能達到的巔峰。我們從默默無名，搖身一變為全國冠軍。我們像奧運金牌選手那樣慶祝，因為我們完成了為自己訂下的遠大目標。

我們的紀錄是四分零四秒一，比起四個星期前第一次挑戰四公里，更快了二十一秒。這證明了我們在面對高階比賽的壓力和腎上腺素下，能展現出多麼驚人的實力。

在頒獎典禮中，我們體內還充斥著腎上腺素和腦內啡，因此表現得比普通的奪牌者更加喧鬧歡騰。我們為了攝影機擺姿勢，做了些愚蠢的動作，也向為我們歡呼的群眾揮手。在我們身旁，100% ME 的隊員看起來只想快點回家而已。

混亂的頒獎典禮和記者訪問後（這次，我狂妄的宣言得到最強而有力的驗證），我們終於能坐下來喝一杯，並且看看我們的紀錄在奧運中會如何。二〇一六年的里約奧運，英國隊以三分五十秒三的成績驚險擊敗澳洲，贏得金牌。在八個參賽隊伍中，中國最後一名時間是四分零三秒七。

因此，在短短幾個星期內，我們這群半路出家的選手所創下的紀錄，和奧運的第八名只差了一點點。我們和當天賽場邊的所有觀眾一樣感到震驚。

全國冠軍不是終點，我們還能再快多少？

我們很快開始討論未來，並且同意我們有發展的潛力。我們還能再加快多少？在全國錦標賽中，我們進行得很完美，但還有許多可以改善的地方。在我心目中，還有一長串的加強清單，假如有更多的時間和金錢，就肯定能讓我們突破四分零四秒的紀錄——我稱之為「優化一切」的清單。如果現在放棄的話就太瘋狂了。

下一個階段的比賽是世界盃循環賽。我們開始搜尋最近世界盃的紀錄，並發現如果在大多數的賽事都保持三分五十七秒左右的紀錄，就能夠站上頒獎臺。當我從曼徹斯特往南開車回家時，雖然疲憊萬分卻也欣喜若狂。三分五十七秒在我的腦中盤旋。要再次展開訓練，並有如此程度的突破，感覺似乎困難重重，但並非不可能的任務。

幾天之後，我們四人在德比的場館再次碰面，坐在賽道中央，討論下一步要做什麼。我們很快就達到繼續努力下去的共識，因為很顯然，我們大有可為。比較麻煩的是，我們該如何進入下一個階層的比賽。

提波從公路賽的經驗中，大概知道成立國際賽隊伍的行政程序。他說，這並不只是打電話給國際自由車聯盟，申請團隊執照這麼簡單而已。過程非常複雜且昂貴。如果想建立公路車隊，必須支付高額的費用，並且證明你有足夠的資金贊助來維持隊伍的運作。

查看了國際自由車聯盟的網站後，好消息是成立場地賽車隊的費用只需要三千歐元，壞消息則是下個賽季的申請期限早在三個月前就已經截止。然而，還是值得一試。

我寄電子郵件給國際自由車聯盟，詢問是否仍可以申請執照。「當然，」她說：「只要把申請表和經費在兩個星期之內寄給我們就好。」大門為我們敞開了，隨後爭取贊助應該不會遇到太大的問題，畢竟我們早已和一些自行車品牌及德比當地的公司合作。

即便這些都無果，最糟的情況我們也能自己湊到錢。大家都同意，一人出七百五十歐元來參加世界盃會是很值得的投資，而我們現在有了新的目標。但願國際自由車聯盟的人會願意收信用卡。

在全國錦標賽中，我們的支援團隊也包含了艾莉。當時，艾莉正在讀高中，並且希望在大學研讀運動科學。透過她父親在諾丁罕的自行車店「蘭德爾輕量級」，艾莉與當地俱樂部的選手頗有交流，而她能透過協助我們，接觸到更高階級的運動競賽。

我們的關係是互相支持，她在比賽時幫助我們，而我們提供現實世界的運動情境來協助她的研究。不幸的是，艾莉的母親凱倫（Karen）在二〇一一年因對抗白血病而過世。一年之後，艾莉和家人希望能為了紀念凱倫而做些正面的事，於是在二〇一二年成立凱倫格林基金會，目標是募款提供高品質的度假住宿給白血病病友和家人，讓他們能稍稍得到久違的喘息。

透過艾莉，我們開始和基金會的經理凱特．偉恩（Cat Wynne）對談，討論凱倫格林基金會贊助我們的可能性。這樣看似偶然的時刻，在日後回首時，卻讓我們充滿感恩。

二〇一七年，基金會的發展達到關鍵的轉捩點，需要提升能見度；我們則需要相對小額的資金來投入世界盃。除此之外，基金會如果能支持我們的計畫，也能為艾莉的生涯目標帶來一些幫助。我們最初談妥的贊助是五千歐元，基金會得到的是國內和國際的知名度，我們得到的則是國際自由車聯盟的認證和一些旅行的經費。

接下來的幾天都在應付國際自由車聯盟繁複的行政手續，並讓基金會將三千歐元匯入顯然和國際自由車聯盟相關的某個瑞士銀行帳戶。一星期後，國際自由車聯盟與我們聯絡，表示申請已經成功。KGF車隊如今已是國際自由車聯盟正式登錄的國際場地賽車隊。

六個月後，我們將在波蘭參加第一場國際賽。如今，我們有了嶄新而更加艱難的目標，準備展開挑戰。

第2部

這些企業的成功，都來自逆向工程

06 拆解美國飛機，蘇聯成功研發圖系列轟炸機

一九三九年，柏林的初夏，美國工程師保羅・普萊斯（Paul Pleis）即將完成一項工程計畫，並且準備回到美國。然而，他也想要替旅程增添一些冒險。因此，他和一位德國的同事決定通過陸路到印度旅行。

他們弄到了一個汽車底盤，並打造一輛應該足以應付漫長路程和崎嶇地面的車輛。在準備離開柏林之前，他們發現自己沒辦法攜帶足夠的水。因此，德國工程師到滕珀爾霍夫（Tempelhof）機場，在上千個燃料桶中拿了三個。兩位勇敢的工程師在油桶中注滿水，固定在車輛下方，展開了旅途。

他們平安無事的通過了十一個國家，卻在抵達印度時被德國追上。帝國元帥赫爾曼・戈林（Field Marshal Göring）派了一架飛機要把德國工程師送回柏林，但在離開之前，工程師給了美國好友燃料桶製造過程的完整技術細節。

他很清楚在即將來臨的戰爭中，這些最初稱為「德國桶」（Wehrmacht-Einheitskanister）的燃料罐將至關重要。其設計和製造都祕密進行，是希特勒軍事化過程的重要部分。納粹元首和他的軍官們都知道，若想實現橫跨歐洲的閃電戰（Blitzkrieg），就需要快速部署燃料的能力。

坦克車在載運燃料上雖然很有效率，卻無法面對混亂的戰區。德國桶（原意為「武裝部隊單位桶」）的設計可謂天才，能攜帶五加侖的燃料，由兩片連鎖的鋼材構成，並透過一片長型焊接金屬結合，用塑膠作為內襯來避免滲漏。桶子的側邊設計了凹凸的紋路來強化結構，並且為燃料的膨脹和收縮提供空間。桶子本身是簡單而便於運送的長方形。

設計師很清楚運送燃料桶的重要性，因此設計了三個圓形把手。這意味著裝載的燃料桶能輕易被士兵傳遞運送，強壯的士兵也能一手提兩個桶子。桶子的蓋子是內建的槓桿機構（不需要轉開外加的蓋子）。最後，桶子出廠的顏色各自不同，代表著不同的內容物，例如柴油、汽油或水。

相較之下，同盟國所使用的燃料桶則顯得慘不忍睹。桶子以四片金屬構成，雖然焊接在一起，卻沒有內襯，較為脆弱，也容易滲漏。桶子上只有一個握起來不順手的把手。如果想打開或重新蓋上蓋子，都需要使用扳手；要倒出燃料需要噴頭，填裝燃料則需要漏斗。英國和美國士兵通常只會用燃料桶製作簡單的爐具，或是填入沙土充當沙包。

普萊斯繼續前進到加爾各答，將車子開入車庫，並且回到美國。戰爭爆發後，他聯絡軍方，並告訴他們德國燃料桶的相關資訊。然而他並沒有得到太多回應，因此自行安排將車子從印度運回紐約。車子在一九四〇年夏天抵達，三個桶子都還安在，而普萊斯立刻將其中之一送到美國戰爭部。

美國軍方著手研究燃料桶並且重新設計，但成品卻比原先的脆弱許多。與此同時，普萊斯因工作前往倫敦，也和英國的工程師討論了燃料桶。英國對於這種燃料桶的性能更加熟悉，因為他們在一九四〇年四月的挪威戰場曾經親眼見證。英國迫切想要拿到一份樣品，於是普萊斯將三個桶子中的第二個運送過來。英國立刻展開行動，拆解並重新製造燃料桶，稱為「jerry can」。

雖然新的燃料桶能帶來龐大助益，但令人挫折的是，英國花了兩年的時間才得以量產。燃料桶對於許多戰事都舉足輕重，特別是北非的戰爭；許多同盟國的軍隊都因為石油用罄，而無法攻打新的領地或守住既有土地，最終也帶來許多傷亡。

然而，到了一九四三年，使用中的燃料桶數量達到上千個，在準備發動諾曼第登陸的過程中，燃料桶的產量也大幅提升。燃料桶的構造簡單且有效，不過其逆向工程前所花費的準備時間實在太長。最終，這對於同盟國的勝利依然貢獻卓著。

逆向工程的歷史可謂好壞半參，許多著名的例子都和戰爭有關，例如前述的燃料桶。

自從現代武器問世以來，也就是工業革命後，彼此競爭的勢力都希望能獲得對方的機密軍武科技。

一九四四年，三架美國的B-29轟炸機被迫降落在蘇聯領土，而後被押送到莫斯科。史達林命令工程師為俄國空軍複製完全相同的機型。三架美軍戰機中，其中一架被拆解，一架用來測試，一架則保留作為參考。

在史達林的施壓下，超過九百間工廠參與了美國戰機的逆向工程，並協助打造蘇聯的版本。設計的過程中繪製了超過一萬五千份設計圖，在一年之內就取得成功，而一年後，前二十架蘇聯版戰機在生產線上誕生，稱為圖4轟炸機（Tu-4）。第一次試飛很成功，而在接下來的一年裡，圖系列戰機在蘇聯冷戰防禦中扮演了重要角色。

在這類的軍事情境中，逆向工程的模式很直接——**設法得到敵人科技，加以拆解複製，最後使用拷貝出的版本來對抗敵人。**過程中似乎並未考慮倫理道德。

在F1賽車的歷史中，其實也有過類似的情形。每支隊伍都會希望得到對手的車輛，拆解後複製生產。由於這麼做並不可行（當然也絕不合法），車隊只能設法偷拍對手試驗車輛的照片，或是挖角對方的技術人員。

軍用科技和F1賽車一樣，在過去的三十年來變得極度複雜精密，從工業時代躍進至資訊時代。二〇一九年，麻省理工學院的安卓力亞・吉里（Andrea Gilli）和穆羅・吉里

（Mauro Gilli）發表研究，認為科技複雜性的提升將導致逆向工程困難，也很難模仿最高階的武器（通常由美國製造）。

舉例來說，現代戰鬥機的一切都由軟體控制。一九五八年的F-4幽靈II戰鬥機只有最基礎的軟體，由一千行程式碼構成。現代同型的最新款F-35閃電II戰鬥機，則有五百六十萬行程式碼。

這些戰鬥機擁有頂尖系統，使用世界最高端的軟體。這些軟體牽涉的又是最先進且精準的工程設計，因此極度敏感，即便微小的錯誤也可能導致功能異常。就算中國的工程團隊得到一架實體的F-35戰機，也只能得到一部分的資訊。若想要複製其軟體，恐怕會需要蒐集大量的網路情報。

在二十世紀前半葉，模仿對手的科技相對簡單。經驗豐富的工程師團隊可以拆解某個物件（例如B-29轟炸機），並透過一般的工程知識來模仿。最大的障礙不會是設計出原型，而是如何大量生產。

舉例來說，諸如英國與德國間的海軍艦隊對抗，比的都是哪一方能打造出更快、更堅固的船艦。一九二〇年代，日本帝國之所以能加入軍備競賽，正是因為投注了大量的時間、能量和金錢，來複製英國的「無畏號戰艦」（HMS Dreadnought）。日本之所以能這麼做，是因為他們有大量的資源可以揮霍。

然而，到了二十世紀末期，一般的工程知識已經不夠。武器科技高度複雜且專精，以至於有心模仿的國家，至少需要一定程度的科技基礎建設（實驗室、測試和生產的機構）才能踏出第一步。更重要的是，他們的設計團隊也會需要一定程度的專門知識。

這些和在木頭賽道上騎自行車有什麼關係呢？重點在於，我應用於場地賽的**逆向工程並非模仿**。我想要的並非得到國家隊的自行車，或是他們風洞試驗的結果，又或是他們訓練的相關表單，複製後看看是否能得到相同的成果。

我不希望這麼做，**因為這可能會讓我誤以為對手的做法就是最理想的**。這會是個危險的錯誤。永遠不要以為你的對手徹底了解一切。只要稍微深入探究，你會發現事實可能剛好相反。

我的做法是**對於整個比賽進行逆向工程，而非針對對手**。換句話說，要為自己的表現訂定某個程度的目標，並設法達成。

這樣的做法在倫理上也讓我們的良知比較好過。逆向工程（當代時常應用於電腦軟體的世界）並不違法，但歷史上卻行走於企業間諜的灰色地帶。我沒有興趣偷取對手的機密，我的**焦點在於如何拆解目標，接著規畫通往成功的路徑**。在體育競賽等競爭的環境中，並不需要擔心對手。至少目前為止，對手與我們無關。

07

思想性愛，蘋果這樣打敗索尼

自由車和其他運動一樣，創造優異表現所需要的知識，都是以偶然的形式傳遞。教練、後勤人員、技師和營養學家在隊伍之間轉換，也帶來可以讓速度更快一些的珍貴知識片段。而觀念更進步一點的隊伍，則會從該運動項目之外的領域引進新的技術人員，期盼能帶來新的觀點。

自由車運動對於科學的應用越來越普遍——舉例來說，如何透過營養學滿足特定訓練或比賽策略所需要的能量；然而，在整體表現方面，自由車運動的思考方式依然不夠科學。車隊或許會運用科學來提升選手表現的幾個特定層面，甚至可能運用科學（有時卻沒意識到）來改善上百個面向。然而，他們看待整個運動或競賽的方式，卻缺乏科學的框架。

原因是**假如要嚴謹的用科學的觀點來檢視，在心態上就必須先退一步**。必須準備一張「白紙」，從最基礎的原則開始，我們在往後的章節會更進一步探討。重點在於將比賽拆分為基本的元素，然後再重新組裝，**而且或許得用不同以往的方式來組裝**。

國家隊和職業隊的成員都擁有豐富的相關經驗，他們通常會吹噓著團隊加起來數百年的豐功偉業。所有的經驗都轉化為知識，而知識對於職業運動隊伍每天的運作至關緊要。如果沒有這樣的知識，基本運作上的危機就會迫在眉睫。想像一下，如果用父母親取代學校的教師會如何呢？學校能撐多久不陷入混亂？

透過經驗得到的知識，是完成複雜任務的基礎。然而，由於這樣的知識是立基於過去的運作方式，因此也可能成為限制。

經驗豐富的專業人士所組成的團隊，總是著眼於增強性的改善，卻不相信能有什麼戲劇性的提升。其中隱含了一定程度的傲慢——這種心態會讓人相信，假如經驗豐富，就足以成為領域的翹楚，不再有什麼需要學習的。

若想達到我們努力追求的嶄新思考方式，只有兩種方法：其一是經驗豐富的專家真正抱持開放的心態，願意從基礎上重新設計運作的方式；其二（比較可能的情況）則是新人出現，帶來新的想法，並成功實踐。

我們可以把這稱為「思想性愛」。從生物學的角度來說，性愛能讓兩個不同的基因結合，並創造出新的基因。而點子性愛的道理也一樣。兩個不同的點子來源「受孕」後，就能創造出新的點子。相同的基因來源即便受孕，也無法創造出新的事物，甚至可能會妨礙演化，我們可以把這個稱為「點子亂倫」。絕不是什麼好事。

點子性愛的其中一個好例子，就是提姆．克里森（Tim Kerrison）在天空車隊引進的新做法。克里森是澳洲人，運動生涯初期是划船選手。了解到自己不可能攀上划船運動的顛峰後，他轉為擔任教練，先是在澳洲划船隊執教，而後則是游泳隊。

接著，他加入英國游泳隊，而後在二〇〇九年加入天空車隊。在自由車運動中，克里森發現了所謂的「文化差異」——也就是現行的運作方式和最先進的運動科學之間，存在著一定的差距。如果有人能插手填補這樣的差距，眼下就是最好的機會。

關鍵的是，克里森加入天空車隊的時間夠早，能在隊伍進化的最初期就形塑了他們的思考方式。布雷斯福和他的團隊迫不及待能在公路賽中引入新的想法。博德曼在密探松鼠俱樂部所採用的創新做法，是當時的主流。假如他們能在奧運賽道上辦到，那為何不能在環法車賽中重現呢？

克里森在天空車隊的第一年，也是天空車隊成為比賽車隊的第一年。他主要都在觀察。由於對自行車領域初來乍到，他希望能多學一些再提出改變的建議。他注意到的問題之一，就是選手在比賽後從不收操。

他們在賽前會利用固定的訓練車來暖身（不過只有在快速起跑時會使用），但從不做賽後的緩和運動。這意味著他們在竭力完成比賽後，會直接回到車隊的巴士、接受媒體採訪，或是站上頒獎臺。

他們的身體在幾分鐘之內，就從全力運動回到靜止狀態。生理學的角度來說，這並不理想。運動員的身體必須依循縝密計算的步驟慢慢緩和，這麼做可以幫助恢復。

如果想成為環法自由車賽的選手，這麼做就至關緊要，因為你必須在隔天起床後，再重複相同的步驟。**緩和運動同時也能幫助選手在心理上得到舒緩**。他們不再直接進入媒體的混亂問答，而是得到珍貴的幾分鐘時間降低腎上腺素，反思比賽的過程，並且和教練談話。

在克里森加入之前，職業自由車選手了解緩和運動的益處，這也是每次激烈訓練的標準程序。在最後的衝刺或爬坡後，自由車選手會以輕鬆的步調騎車回家，用不費力的齒輪慢慢踩踏板。

他們直覺的知道，自己這麼做對腿最有幫助，不過大部分的人都誤以為，這麼做是在化解肌肉中堆積的乳酸。事實上，他們是在清除代謝產物，並且讓肌肉回復到平衡狀態。因此，緩和運動的必要性眾所周知，雖然未必完全以科學為基礎。問題在於，沒有任何人想到將這個概念應用在比賽的情境。每個人都遵循過往既定的步驟——衝刺到終點線，跳下自行車。

或許克里森和布雷斯福比較有勇氣，可以對主辦單位和媒體挺身而出，說選手必須在固定的訓練車上待十分鐘才能接受訪問，或是參加冠軍車衣的頒獎典禮。當時，許多其他車隊都嘲笑克里森的創新；如今，他們卻全都這麼做了。

跨領域的合作如今在科學界越來越常見。近幾年來逐漸形成的共識是，全球性的環境災難，需要各個領域的科學家踏出自己的象牙塔，互相合作才有可能解決。多元的觀點才能為問題帶來新的見解，也才有可能創造出多面向的解決方式。

在學術界，這麼做充滿挑戰——學術生涯初期的科學家總是受到建議，應該嚴謹的留在自己的領域中，而非向外發展，因為他們的上級希望他們的職涯是線性的。跨領域也可能讓人感到不安，因為必須面對新的環境，學習新的語言和技術，所以也需要一些勇氣。然而，這終將會是非常值得且充滿回饋的體驗。

在商業界，同樣的思考方式也為許多創新者所青睞，例如蘋果（Apple）的賈伯斯（Steve Jobs）。當賈伯斯的團隊開始開發 iPod 時，他們還不知道這個產品將對消費科技工業帶來革新。

賈伯斯小心的**將蘋果規畫為一個具有彈性的商業單位**。這和他們的主要競爭者索尼（Sony）恰好相反，索尼的組織是區分為數個半自主性的單位。賈伯斯希望打造的是擁有共同目標和指標的跨領域團隊。**索尼則有許多團隊，依照領域區分**，分別朝著稍有不同的目標努力。**蘋果的環境鼓勵創意，而索尼的組織架構則只會帶來官僚體系**。

表現不佳源自於接受了事物既定的運作方式。我們應當擁有足夠的信心，敞開心胸接受點子性愛，對於自己的計畫永遠尋找新鮮的觀點。

在下一個章節中，我將探討如何從「基本原則」檢視一個目標，並介紹一個認為我們很快就能住在火星上的人。

08

蘇格拉底提問法，實踐馬斯克的太空夢

二〇二〇年五月三十日，下午天氣晴朗，許多人聚集在佛羅里達州卡納維爾角（Cape Canaveral）附近的沙灘上，滿心期盼的仰望天空。當地時間下午三點二十二分，形狀修長的白色火箭從甘迺迪太空中心升空，向東北方的大西洋上空飛去。

兩分半鐘後，火箭的下半部任務達成，成功與上半部分離回到地球，降落在一艘無人自駕船上。太空梭計畫的兩位資深成員道格拉斯．赫爾利（Doug Hurley）和羅伯特．本肯（Robert Behnken），在飛龍號（Crew Dragon）上進入了繞行地球的軌道，繼續向國際太空站前進。他們最多將在太空站待四個月。

這是二〇一一年美國太空總署NASA的太空梭退役以來，第一次有載人的美國太空梭從美國國土升空。那是動人心弦的一刻，美國終於又找回了她在太空的實力。而背後的推手，是新興的官方／私人合作關係。飛龍號和載運它的獵鷹九號（Falcon 9）都不屬於

NASA，而是向 SpaceX 公司租借的。基本上，這可以說是進入太空的計程車服務。SpaceX 從二〇〇二年創立以來一直飽受嘲諷。對於創立者伊隆・馬斯克（Elon Musk）來說，火箭升空證明了他的理想並非虛言，也代表他對於太空旅行商業化的努力有了回報。

馬斯克富有個人魅力，而且充滿動力，有著遠大的理想。會成立 SpaceX，是因為他相信地球的環境危機迫在眉睫，而這意味著人類需要一個備用計畫。他希望在火星上建立殖民地。在許多訪問中，他都說自己希望死在火星上，而不是因為太空船降落失敗而身亡。

馬斯克來自南非，在賓夕法尼亞大學取得物理和經濟學位，而後立刻開始建造他的商業帝國。他的財富——如今已經累積大約四百六十億美元——最初來自成立並出售一間軟體公司。

接著，他又創立並出售一間網路銀行，利用其收益創立了 SpaceX。他的另一項重點事業是創新的電動車製造商特斯拉（Tesla）。馬斯克的興趣很廣泛，卻又彼此相關。他投入人工智慧系統和腦機介面系統的開發，也創立了一間公司來研究利用隧道進行高速旅行的極限。

馬斯克成功的原因之一，就是他雖然身為總裁，卻不只是以管理者自居，讓其他人來生產產品。對於旗下每一項計畫的設計和工程，他都投入許多心血，因為那是他最喜歡的事情。

雖然他沒有正式的工程師資格，但他卻以工程師自詡。媒體時常將馬斯克描繪為東尼・史塔克（Tony Stark，漫威的虛構角色，也是鋼鐵人的創造者）那一類型的天才。

在YouTube上有一支影片介紹了馬斯克的一天，假如你看完了，就會發現他真的非常、非常努力。他並不會做什麼多餘的活動，而是把大部分的時間都投入工作，再擠出一些空暇來陪小孩、上健身房和閱讀。事實上，就像大部分的人一樣。

讓馬斯克與眾不同的，則是他獨特的思考方式。他在加拿大安大略的皇后大學（Queen's University）就讀的那兩年間，學到了所謂的「蘇格拉底法」（Socratic method）。他曾經說過：「我在皇后大學所學到最深刻的，而且在教職員和同儕身上都看見的，就是如何與聰明人合作，並且利用蘇格拉底法達到共同的目標。」

蘇格拉底法以希臘哲學家蘇格拉底為名，聚焦於透過「開放式問題」，來追求更深入的理解。其應用可以很精確，例如探索火箭的運作方式，也可以很廣泛，例如人們應該如何度過一生。

蘇格拉底法需要的，是持續不斷對知識和自我精進的渴望。**我們不該將任何事視為理所當然。每件事都可以，也應該受到質疑**。這就像是成年版不斷發問的孩子。

在孩童身上，這或許只是個過渡期。無論大人說什麼，他們都會問為什麼？但為什麼？這麼做一開始或許很可愛，久了就讓人煩躁。然而，這和蘇格拉底法很相似。只不過，成年之後，我們通常學會接受別人給的答案，不再追問為什麼。

馬斯克的 SpaceX 有個很明確的目標：太空旅行到火星。一開始，他詢問現有的太空強國俄羅斯與中國，要花多少錢才能買下他們的火箭。他得到的答案是天文數字，即便有能力支付，也絕不可能長久。

馬斯克思考了他的目標，領悟到假如想要永續經營太空旅行，就必須大幅降低硬體的支出。他不只預算有限，也明白必須建立起商業化的太空旅行系統。在此之前，沒有人思考過市場經濟與太空旅行的關聯。太空旅行似乎總是由政府的國防預算支出。在美國，這部分的預算深不可測。

馬斯克運用蘇格拉底法，開始質疑我們關於太空火箭的所有知識。他在理論的層面解構了中國與蘇聯的既有科技，先拆解出每個零件，再進一步分解出每種原料。

透過研究，他了解到火箭的主要原料是碳纖維、太空級的鋁、銅和其他金屬。接著，他進行調查，想知道如果直接從倫敦金屬交易所購買，這些金屬組合的價格會如何。答案是只需要很低的成本。

因此，他大量投資這些金屬；但想當然耳，他擁有的只是一大堆金屬，而不是能飛上天的機器。下一步就是與團隊合作，找到以低成本建造火箭的創新方式。

他們將發射火箭的整個過程回歸到最基本的原則，捨棄所有既有的想法概念，讓問題回歸到基礎：與太空旅行相關的物理法則是哪些？大氣的條件會如何影響火箭的表現？讓火箭順利升空、進入軌道需要什麼？開發會需要多少時間，又要多少成本？

馬斯克的計畫最讓人眼睛一亮的成就，是創造出可重複使用的火箭。在 SpaceX 之前，負責將太空人推送到軌道的火箭推進器會在脫離時毀壞，並掉落回地面。SpaceX 開發的第一階段火箭推進器則能精準控制降落的位置，落在特定的降落點或海外的無人自駕船上。如今，SpaceX 的火箭推進器在失效前最多可以使用十次，而工程師正努力讓過程中的其他零件也能重複使用。

有了這麼多創新突破，SpaceX 不只成功讓美國的太空計畫復甦，其科學與商業的結合也帶來龐大的收益。十多年以來，SpaceX 一直為 NASA 運送貨物到國際太空站，使用的就是搭載獵鷹九號的飛龍號。

SpaceX 與 NASA 簽訂的補給合約，據說帶來了超過十六億美元的收入。二〇一九年四月，他們簽訂另一份六千九百萬美元的合約，預計在二〇二一年讓一架火箭撞擊某個小行星，試圖讓其改變方向。這聽起來或許像瘋狂科學家的異想天開，或是小孩子的白日夢，實際上它卻是雙小行星改道測試（Double Asteroid Redirection Test，簡稱 DART）的關鍵部分。

DART 計畫由 NASA 發起，目標是尋找方式將靠近地球，且可能造成潛在危險的小行星重新導向。然而，對 SpaceX 來說，NASA 帶來的收入和其商業活動相比可說微不足道。據說，SpaceX 運送人造衛星和軍用設施上太空的合約，已帶來超過一百二十億美元的收入。

什麼是好故事？簡短、有人性、芭樂標題

從最基本的原則開始思考，意味著將問題回歸到最核心，也就是無法被改變的定理或原則。在太空旅行中，指的是物理的定律。在商業世界，指的則是經濟的原理。

當眼前的問題無法再被簡化，蘇格拉底式的思考者就可以用相關的法則為基石，來開始建構自己的想法。馬斯克從零開始，建構出自己的思考方式和方法學，**只保留和目標相關且沒有爭議的法則與定律，其他的則都重新創造**。

與蘇格拉底思考法相對的，是類比式思維；而馬斯克或許會說，大多數的人都採取這樣的思考方式。類比式思維的意思很簡單，就是重述已經完成的事物，並且將思考建構在現存的模式上。即便你選擇的是一般人所拒絕的方法，你仍然採取了類比式思維。

你可以說類比式思維是懶人的做法，而蘇格拉底法則比較嚴謹，因此也比較耗費心力。

然而，你也可以說類比式思維是我們從小所受的教育，也是大部分世界的運作方式，因此算是我們先天的設定。

蘇格拉底法也有比較平易近人一點的例子。當喬那・裴瑞帝（Jonah Peretti）在二〇〇六年創立BuzzFeed時，他的目標是成為最受歡迎的網站。裴瑞帝從心理學的角度，研究了一個故事如何在社群媒體上爆紅，並且領悟到網站的基本原則，就是當你想要被大量瀏覽，就需要廣泛的發布。

與其高品質報導人們「應該要」閱讀的訊息，倒不如給他們真正想看的。裴瑞帝決定給人們他們想要的，那麼他們就會在社群網站上分享，因此提升網站的名氣和流量。故事本身也回歸為最基礎的原則：**盡量簡短、確保其中包含人性因素、使用強烈而有說服力的標題**。因此，我們現在會看到標題為「二十一部幾乎靠演員的意志力拯救的爛電影」的農場文；雖然你知道文章本身一定不怎麼樣，但你還是會點進去看看。

無論你對馬斯克和裴瑞帝的看法如何，他們之間有趣的共通點在於，他們都專注於自身市場中最有效的做法。他們的目標是賺錢（雖然他們絕對會宣稱自己有更高的理想），而如果想要賺錢，就必須滿足顧客的需求。

NASA想要美國擁有火箭系統，但又不想要自己設計建造；手機使用者（也就是幾乎每個人）想要吸引人的故事，卻又不希望投入太多心力，最好可以在三分鐘之內看完。

馬斯克和裴瑞帝了解他們的目標及環境，並且加以運用。**回歸基本原則不只是理論上的概念而已，而是實際具體的行動。**

當我們贏得全國錦標賽時，提波、強尼、查理和我已經走了好一段路。然而，我知道我們還有許多要分析、改善的部分。我們已經將團體追逐賽分解歸結為最基本的原則；但我們還沒完整質疑整個比賽的每個層面。蘇格拉底一定會說我們做得不夠。

專注在自己可以控制的因素

二〇一七年春天，距離下一次世界盃還有六個月，我們有了更多時間來規畫。當我們開始將團體追逐賽回歸為基本原則時，就發覺其實目標只有一個：讓第三名選手盡快通過終點線。而影響這件事的原則中，有兩項無法改變。

首先是比賽的規則書，你所做的必須符合規則。舉例來說，國際自由車聯盟的場地賽規則明訂：「每個隊伍的時間和分級，都採計第三名選手的紀錄。時間的測量以每隊第三名選手的前輪為準。」

然而，有個重要的前提：你只需要遵守白紙黑字的規則就好。**規則書永遠會有詮釋的**

空間。即便是F1賽車的規則也有詮釋的空間，你只需要讀得夠仔細。就姑且先說我不認同所謂規則的「精神」吧。

有時候，比賽的相關單位會用這個說法來掩飾規則的粗糙；有時候，比賽的隊伍會如此防止給對手可趁之機。「遵守規則」的說法是訴諸道德判斷，但實際上卻模糊曖昧，甚至可能有欺騙的嫌疑。只有寫下來的才重要。

我們必須遵循的第二項原則是物理的法則。這就沒什麼詮釋的空間了，而且會影響我們在賽道上所採取的每個行動。因此，我們對物理法則必須有全面而透徹的了解。

除了這兩組法則外，其他任何事都是可能的。我常常說，假如打扮成大型陽具能讓我速度更快，我就會這麼做。誰在乎其他人怎麼想？唯一的目標就是騎得更快。

當我開始參加全國性的公路賽時，我會穿上空氣動力襪。這並不是公路賽的常態，雖然大家都知道越符合空氣動力，就能騎得越快。傳統限制了這項運動的發展。某個寒冷的春天早上，在蘭開夏（Lancashire，英格蘭西北部的郡）的賽道起點線，我身邊的選手開始嘲笑我的襪子。然而我只是聳聳肩，和他們一起笑。幾個星期之後，這些選手和他們大部分的隊友也都穿起空氣動力襪了。

團體追逐賽最基本的問題是：我們如何在四公里的距離內，善用四名選手，讓第三名選手用最快的速度通過終點線？如果從物理的角度檢視這項競賽，就會歸結到能量上。選手體內都儲存了能量，並且將能量傳遞到踏板上，推動自行車前進，也就是「能量輸入」。

我的目標是盡量減少在轉換過程中損失的能量。能量散失的主要途徑可能是：騎車破風、滾動阻力（輪胎對賽道）和傳動系統摩擦力（鏈條在鏈輪上的摩擦力），而這稱為「能量流出」。

我們隊伍所做的一切，都必須是為了盡可能將我們創造出的能量，轉換為前進的速度。由此出發，我們可以簡單的將問題分解為個別的元素：

1 **人**：生理和心理。
2 **自行車**：力量、重量和空氣動力。
3 **服裝**：空氣動力與舒適性。
4 **策略**：改變隊形的步調和頻率。

這些比賽的元素全部都在我們的掌控中。而我們所不能控制的層面，則包含賽道的鋪面和場館內的大氣條件。然而，這些條件對每個隊伍造成的影響都是相同的，因此可以忽略不計。

現在，我們已經條列出所有的元素了，可以開始腦力激盪每個問題。舉例來說，針對策略，我們提出的問題包含：

- 我們如何從四個選手身上得到最大的能量，卻又不放掉第三人？
- 我們如何更換帶隊選手的頻率？
- 離開隊伍前方的選手是否總是要退到最後方？
- 列隊前進時，每個選手的努力程度如何？
- 在比賽中需要哪些資訊來調整我們的策略？
- 假如其中一位選手狀況特別好，或特別差，該如何調整策略？

忘掉以前的做法，為你的目標建立起基本的原則，接著採用蘇格拉底法來認真質疑挑戰的每個面向。在這個階段，我們並不需要答案（雖然腦中可能不免會浮現一些答案），我們只需要問題。每個問題都可能會帶來更多的新問題。

我和查理都是工程背景，所受的訓練也都是從基本原則思考。我們的態度是敞開心胸接受。沒有什麼問題是愚蠢的。合作會為挑戰帶來新的觀點。針對我提出的問題，提波會問不同的問題，因為他的觀點不同，經驗和知識背景也不同。

當我們被要求提出問題來解構挑戰時，常會直接跳到解決方式。我們的問題或許加上問號，但在內心深處，卻已經有了解答。這是正常的，我們的大腦渴望找到答案。有時候，答案太過簡單，似乎在對我們大喊：「我在這！我在這！」這讓人難以忽略。

我們無法直接抹去問題後潛伏的答案。因此，我們只能盡量疏離，把答案寫下來，但不要有太緊密的情感，也不要太過重視。在這個階段，要判斷答案是否有效還太早。**假如帶著答案繼續前進，可能就會有太多假設，卻沒有證據或試驗**。在我們開始尋找解決方式之前，我們必須先評估自己能運用的資源。

第3部

評估手邊資源，想想看誰能幫你

09 不是所有的缺陷都是劣勢

為了要了解我們能運用的資源，我們從上個章節列出的四大類型著手：人、自行車、服裝和策略。整體原則是把**每個類型都分解為定義明確、可以衡量的元素**。

然而，每個類型都需要不同的處理方式。有些是實際且物質的層面，例如：我們擁有哪些車輪？有些則比較屬於知識類型，例如：我們對訓練了解多少？我們用相反的順序來整理這四個部分。

1 策略：這完全是以知識為基礎。評估我們的資源時，我們其實是在評估自己知識層面的相關能力。這很難客觀面對，我們的經驗有限，只有一次認真的比賽和幾個星期的訓練而已。

換句話說，我們不知道自己不知道什麼。到目前為止，我們有過一個很棒的想法（不要那麼常變換隊形），但假如想成為更有彈性也更厲害的隊伍，我們的軍火庫就必須有更多武器。我們當時或許不願意承認，但我們在這個領域需要更多的幫助。

2服裝：追逐賽選手的裝備相當簡單：緊身空氣動力車衣、鞋子、襪子、襪套和安全帽。我們對服裝的檢視聚焦於空氣動力的層面。許多空氣動力學家都曾經試圖計算，總阻力在車手和自行車之間如何分布。

結果眾說紛紜，而且受到許多因素影響，但原則上八〇％的阻力在車手身上（姿勢和服裝），只有二〇％在車上。這顯示了與其花時間和金錢在新車上，效益還不如改善騎車的姿勢——後者還便宜許多。

在二〇一七年初，我們只能買到一般大眾都能買到的現成服裝，因此，我們的測試主要是比較市場現有產品的表現。能找到最好的產品固然理想，但每個選手的要求不同，身形和騎車風格也都不同。我們的長期目標是創造出符合自身需求的產品，就像空氣動力襪那樣。在評估自身資源後，得到的結論是我們需要外界的專業助力，來達到想要的表現。

3自行車：自由車選手和車子之間關係很複雜。他們花了無數的時間在車上，思考和車子相關的事，也談論他們的車。通常，這會是情感層面的關係。我們會帶著懷舊的依戀談論第一輛自行車。

自行車是我們抒發情感的方式，特別是憤怒。最好的情況下，自由車運動是人與機械真正的合而為一。公路自由車選手通常會談論車輛的「感受」或「手感」。公路車通常必須面對各式各樣物理上的挑戰，而且會在車手的身體下好幾個小時，因此舒適感及手感都很重要。

追逐賽的自行車則是另一種截然不同的野獸。它唯一的任務就是在室內光滑的賽道上，於四分鐘之內全速前進。自行車的每個零件都必須盡可能符合空氣力學，並且有效的將車手的能量，轉化為前進的動力。

和服裝一樣，當時我們唯一能取得的就是零售市場上的自行車。一般人很容易落入的陷阱是：認為金錢就等同於表現。然而，我們必須保持開放的心胸，因為**最昂貴的車輪未必最符合需求**。

安全帽也是個例子。當我們針對一系列空氣動力的安全帽進行測試時，困惑的發現瑞典滑雪和自行車品牌 POC，所出品的 Tempor 系列表現最佳。這個系列曾經被職業自由車選手使用數年，但如今卻連零售市場也已放棄，理由似乎和美感有關。

空氣動力安全帽通常是淚滴型，頭部的曲線在後頸處匯集為尖角的尾端。Tempor 系列也是如此，但在側邊向外突出，讓穿戴者看起來像是星際大戰裡的帝國風暴兵。

被迫在計時賽中穿戴空氣動力安全帽的選手表示，這讓他們覺得很蠢；而在自行車的零售市場，消費者很容易受到職業選手所影響。雖然是市場上速度最快的安全帽，選手卻不再穿戴。這或許不像巨大的陽具服裝那麼蠢，但原則是相同的。

經過試驗，我們開始了解自己自行車的能力。或許更重要的是，我們在過程中發現，若是可以設計並製造自己的零件，就還有些地方可以更進一步。我們並沒有，也永遠不會有像國家隊那樣，可以設計並打造全新車輛的龐大預算，但我們也不覺得有那個必要。**更實際的做法是與業界專家合作。**我們找到可以一步一步帶領我們開發的廠商，提供數據來領導計畫，並創造出最終產品，幫助我們加以運用。我們越來越擅長這麼做，因此開發的時間週期是幾個星期，而不是幾個月或幾年。我們改進的速度越來越快。

4人：要了解這部分的資源或許最困難，但帶來的回饋也最美好。我們所追求的是對於團隊每個成員的整體性評估。不只是成員的生理條件，也包含了心理狀態、團隊中的互動方式，甚至是更實際的面向，例如居住地等等。

重點是必須符合現實。這個過程幫助我們了解團隊中有哪些人，而不是我們希望哪些人加入。只要曾經在新公司擔任經理的人，就會熟悉這個認識現有團隊的過程，並且明白不應該浪費時間幻想另一個理想的團隊。

再次重申，我們的做法是將分析的要點再區分為特定的細項來評量。雖然生理學的基礎原理都相同，但每項運動都有其獨特的評估方式，會因為對運動員的要求不同而有所差異。

在過去十年間，力量成為評估自由車選手表現的重點項目。我們會檢視選手在比賽或訓練中所輸出的力量，也會探討在空氣動力改變時，選手所節省的力量。力的單位是瓦特（watts），因此你可能會聽到選手談論新的輪胎幫助他們節省了十瓦特。國際型團體追逐賽的選手在四分鐘之內，平均會輸出四百五十瓦特的力。

一旦你了解四名選手的相對力量，就能找到不同的有效策略。我們運用稱為「臨界功率」（Critical Power）的模型來找出隊伍最有效的策略，而這樣的模型對任何隊伍和選手來說都會有幫助。

臨界功率所表達的是，一個人在固定時間內所能產生的最大能量，通常會是三十分鐘到六十分鐘。受過訓練的自由車選手在這樣的程度騎行，仍可以不至於太過不適，但他們會知道，如果提高力量的輸出，很快就會用上全力，而無法維持太久的時間。

臨界功率模型有一部分衍生出所謂的「W Prime」模型，我會將它想像成無氧運動能量的儲存庫。這個儲存庫是有限的。在比賽或訓練期間，選手會根據出力的程度，有時消耗存量，有時則重新注入能量。

以臨界功率程度或以下騎乘的選手可以提高能量輸出，但這麼做的能力有限。如果有正確的數據，就可以為團隊的每個成員計算出其在臨界功率之上騎行的能力。

舉例來說，強尼的 W Prime 值很大，但臨界功率很低，也就是特定時間內能維繫的最大力量較低。這意味著他在比賽中持續的時間越長，所消耗的無氧運動能量就越多，而這種能量的總量是有限的。

這讓他能在很短的時間內產出很大的力量，但隨著時間越長，他會比其他人更快耗盡 W Prime 的儲量，而無法持續輸出必要的力量，因而拖慢自己和團隊的步調。

就算他在隊伍的後方，有了空氣動力學的優勢，仍然無法避免這種狀況，因為他仍在自己的臨界功率之上。在隊伍後方的選手即便用盡了有限的無氧運動能量，對於提高整體速度仍不會有任何貢獻；而當他們來到前方時，就會發現自己已經缺乏幫助隊伍維持固定速度的能量。

因此，若想用正面的角度來看，我們就必須為強尼找出帶給團隊貢獻的不同方式。在五圈內，他可以輸出極高的力量；那麼，為何不讓他在十六圈中的前五圈帶頭，然後退到後方讓其他三個人完成比賽？

這個計畫也意味著，我們另外三個人在前六圈有了可以依循的步調，而不會有預料之外的加速。知道這點後，在心理上也會得到很大的安撫。

事實上，接下來的幾年來，這樣的角色成了強尼的註冊商標。我會帶領隊伍從起點出發，騎行一圈半讓隊伍達到最快速度，接著退後讓強尼接手。

強尼的任務出乎意料的複雜，他必須帶領隊伍騎行五圈，盡力讓其他三個人在比賽中後段仍維持起始時的良好狀態。

這代表他必須很小心的評估狀態，假如速度太慢，就會輸掉比賽；速度太快，則會讓其他人陷入麻煩。如果硬拖著我們用閃電般的速度衝刺五圈，讓我們剩下的九圈後繼無力，那就一點意義也沒有了。

這意味著如果強尼狀況很好，在帶頭時就必須提醒自己不能拚過頭。他的努力必須在極限值之下，這代表雖然他還能再快很多，但加速只會毀了全隊的表現。當他的五圈快結束時，強尼會判斷什麼時候該退開。

最糟的情況是他開始力竭，步調漸漸慢下來（我們稱之為「停下」〔parking〕），當他退開後，剩下的人就必須重新加速。這樣會很痛苦，也會嚴重降低我們的獲勝機率。

你知道「頂尖王牌」這個卡牌遊戲嗎？兩位玩家平均分配一副牌，每回合都比較總和的數字，目標是打敗對手的卡牌。假如場地賽是一場頂尖王牌的遊戲，英國自由車協會就有十套牌組。

他們最主要的問題，就是如何將所有的卡牌都留在手中。英國自由車協會可以從很大的基因池中挑選選手，因此他們有本錢精挑細選。其他國家都是依循英國自由車協會的範例，因此理論上來說，基因池越大的國家就越可能獲勝。美國可以說擁有上千套頂尖王牌的牌組，因此假如仿照英國的做法，他們基本上可以戰無不勝。

另一方面，我的隊伍只有四張卡：

姓名：丹尼爾·比格

出生日期：1991年10月2日

身高（公分）：183

體重（公斤）：76

尖峰力量：1550

賽道技術能力：90

抗疲勞性：55

訓練士氣：70

比賽士氣：95

一般士氣：80

創新力：90

正向力：105

有氧動力：70

無氧動力：85

清掃能力：10（我最大的弱點，可惡。）

空氣動力：90

烹飪技術：35

姓名：查理‧坦菲爾德

出生日期：1996 年 11 月 17 日

身高（公分）：190

體重（公斤）：80

尖峰力量：1350

賽道技術能力：80

抗疲勞性：95（坦菲爾德一家都經過精實的訓練，絕不因為疲勞而痛苦。）

訓練士氣：70

比賽士氣：90

一般士氣：80

創新力：90

正向力：75

有氧動力：90

無氧動力：50

清掃能力：50

空氣動力：85

烹飪技術：35

姓名：雅各・提波

出生日期：1991年12月2日

身高（公分）：183

體重（公斤）：78

尖峰力量：1550

賽道技術能力：75

抗疲勞性：75

訓練士氣：20（提波總是靠著許多巧克力餅乾來提振士氣。）

比賽士氣：30

一般士氣：5

創新力：90

正向力：2（非常擅長在論點中找到最細微的缺失。）

有氧動力：70

無氧動力：85

清掃能力：95

空氣動力：60

烹飪技術：50

姓名：強尼·威爾
出生日期：1991 年 6 月 15 日
身高（公分）：183
體重（公斤）：85
尖峰力量：1800
賽道技術能力：40
抗疲勞性：70
訓練士氣：10 到 100（視當天情況而定，我們只希望當天狀況很好。）
比賽士氣：10 到 100（視當天情況而定，我們只希望當天狀況很好。）
一般士氣：10 到 100（視當天情況而定，我們只希望當天狀況很好。）
創新力：90
正向力：75
有氧動力：50
無氧動力：95
清掃能力：70
空氣動力：75
烹飪技術：95（很棒的廚師，扣 5 分是因為他煮的頻率太低了。）

當然，這遠比頂尖王牌的卡片更複雜多了。心理學對菁英運動員來說也非常重要，雖然可以加以分析，卻沒辦法客觀的評量。無論如何，我們應該秉持誠實的原則——坦承面對自己和團隊。在接下來的章節中，我們將探討「一群個體」如何形成「一個團隊」。

自由車隊不只是選手而已，也向外延伸到選手身邊的人，例如技術團隊、家人和朋友。要審查自己的家人和朋友似乎有點冷酷，但在這個階段，我們必須**了解身邊有哪些可以幫助自己達到目標的資源**。

或許你的家人不願意全力支持你，或是你缺乏必要的體力、技術或動力。這也沒關係，不要因此受到打擊。只要記下來（假如你的目標想保密，就記在心裡），再繼續努力。任何問題都會有解決的方法。

要記得，不是所有的缺陷都是劣勢。我們沒有足夠的預算來聘請技師，因此我們自己動手維修。這樣的好處是，我們能認識車子的所有細節，而且會為自己的車況負責，不需要擔心技師會不會犯錯。有時候，在激烈的比賽或訓練中，如果手上有個簡單的技術性待辦事項，就能有效幫助我們轉移注意力。

最後一項要檢視的資源是人們不喜歡討論的：金錢。

要經營一支職業的車隊並不便宜。英國自由車隊有英國體育上百萬歐元的資金，主要都投入於場地賽在奧運上的成功。我們ＫＧＦ車隊的四個人則有凱倫格林基金會的贊助、幾千歐元的存款、極高的學貸待償還（遲早的），以及幾張全新的信用卡。

在凱倫格林基金會出手贊助之前，我們曾經討論自行支付國際自由車聯盟的費用，每人支出七百五十歐元。假如這能帶來參加世界盃的機會，對我們來說似乎也是很值得的投資，但接下來要花錢的地方還很多。

坐下來討論後，我們決定將預算分成三個項目。首先是支出，也就是單純參賽的成本——報名費、交通、住宿和訓練的場地費。第二是科技，而自行車是最主要的項目，其中也包含了筆記型電腦、攝影機、感測器和軟體。第三（而且也可能是最重大的）是人事成本。假如你夠幸運，錄取英國自由車協會的奧運發展計畫，你就能領薪水。

這個計畫也會支付充足的薪水給每位教練、技師、自行車設計師、工程師、生理技師、數據分析師、車衣製造商、營養師、按摩師、心理師等眾多職位。因此，雖然英國自由車協會的預算聽起來很驚人，但大部分都花在技術團隊上（本來也就該如此，因為團隊中都是專業人士）。

在KGF團隊中，我們四個人負責了所有的工作，而且是免費的。我們因為熱情而投入了所有的時間，而不是為了經濟上的利益。是的，我們需要足夠的錢來吃飯、付房租和帳單。但我們不久之前都還是學生，只要繼續維持同樣拮据的生活就好，而且還有了更多時間往我們的目標努力。

我們很幸運處在人生的這個階段，沒有太多其他的責任。沒有小孩，也沒有房貸要扛。對我們來說，時間比金錢更重要。而時間與金錢這兩個因素總是不可兼得。

檢視可利用資源的過程可能讓人沮喪。我們時常會忍不住想和對手比較，而對手似乎總是擁有你所缺乏的。不要試著抗拒這樣的衝動，但應當用分析的方式來比較。

是的，國家隊和我們不同，有整個團隊的技師，但這會為他們帶來怎樣的優勢和劣勢呢？每個技師的工作分別是什麼？如果有時間和體力，這些技術會很難學習嗎？

在頂尖王牌的遊戲中，**獲勝的關鍵是將手上的卡牌做最好的運用。將自己的優勢放到最大，劣勢降到最小**。在遊戲中，你只能使用你拿到的牌。幸運的是，在現實生活中，你卻可以努力精進自己的能力來提升得分。我目前就在加強我的做家事能力。

10 你要熟練到，每個動作都靠本能反應

二十三個人要花多少時間來換一輛車的四個輪胎？不，這不是那個老掉牙的換燈泡笑話。答案是低於兩秒鐘，至少在F1賽車的車隊是如此。事實上，F1賽車進站維修時間還有個世界紀錄，由紅牛車隊（Red Bull Racing）創下，在二〇一九年的德國大獎賽僅花了一．八八秒，就完成更換車手馬克斯．維斯塔潘（Max Verstappen）的輪胎。

進站維修屬於賽前規畫策略的一部分。這段時間充滿壓力和戲劇張力，因為辛苦贏得的比賽排名，可能在不良的維修程序中落後。過程大概是這樣的：團隊大約會提早一圈（或不到一圈）時用無線電通知賽車手停車。賽車手全速開上維修車道，但很快就會將速度降至車道的速限八十公里。

在車隊的庫房中，團隊成員會舉起一塊碳纖維的圓形標誌，告訴賽車手該在哪裡停車。賽車手必須精準停在正確的位置，等待的維修團隊才不需要拖著設備到其他地方。

當賽車停止後，賽車手將引擎轉為空檔，並且踩著剎車，讓輪胎停止轉動以利更換。負責前後的千斤頂操作員將設備就位後，讓車子離地五十公分。每個輪胎的位置都有三個人俯身就位。

一名技工鬆開每個輪胎上的螺絲。「拆輪胎」人員負責取下輪胎，「裝輪胎」人員則裝上新的輪胎。技工接著鎖緊螺絲，按下按鈕確認工作完成，而車手就會看到可以加速開走的綠燈。從車子停止的那一瞬間開始，整個過程不到兩秒鐘。

優良的進站維修除了迅速與安全，一致性也很重要。根據不同的天候，有些比賽中，賽車可能需要停下十次之多。每次都必須快速而精確。五十年前，一次進站維修平均會花超過一分鐘。科技進步大大加快了維修速度，有許多汽車零件和工具都專門為此而設計。另一個因素則是工作分配。更換四個輪胎的任務又被分解為許多子項目，而每個團隊成員都各自分配到一個項目。接著，團隊會統整為一體。沒有階級之分，每個人都同樣重要，賽車手也是。

賽車手的任務是將車子送到團隊前，踩住剎車，不讓引擎停止。F1賽車的團隊會練習進站維修的過程超過上千次，**讓任務成為本能反應**。團隊成員會說，順利的維修過程感覺就像是以慢動作播放，因為一切都順暢而毫不費力。

我們可以從中學習到的是，**表現優異的隊伍中，每個成員都了解自己的角色，也明白**

每個角色都很重要。在我們的團隊，我們都明白這分為兩個層面。首先是比賽中，其次則是比賽的準備。

我們在比賽中的合作相對簡單。唯一的目標就是用最快的速度讓第三個人通過終點線，如果讓查理盡全力衝刺，但其他人都無法這麼撐過四公里，那就毫無意義。如果想維持最有效率的空氣動力型態，第二、第三和第四位選手的前輪，都必須與前方選手的後輪維持幾公分以內的距離。假如讓距離拉開，騎在別人後方的優勢就大幅降低了，而後方選手也必須耗費多餘的力氣來拉近距離，浪費寶貴且有限的能量。

當團隊以極限的速度前進時，三公尺的差距就不可能拉近。後方的選手或許已經竭盡全力，卻只會看見隊伍越來越遠。假如只剩下三名選手時發生這樣的狀況，那只能說是悲劇了。第三位選手與隊伍失去聯繫，大幅度減速，即便最後真的能撐到終點，時間也絕不足以獲勝了。

我們的比賽策略，是最有效率的利用每個選手的力量。這又回到同一個問題：如何用三名選手完成比賽，且三人都完全耗盡無氧運動的能量，過程中也不浪費任何一點力氣？

由於每個人的優勢和弱點不同，對於配速都能帶來不同的貢獻。我從靜止出發的爆發力最佳，所以帶領隊伍出發，並加速到正常行進速度。接著，就像前面討論過的，強尼會接手接下來的五圈。

他在前方帶領五到六圈時，我就可以稍微恢復一點。強尼的任務結束後，會退開到彎道外圍，並離開比賽。接下來，查理和我各自會再帶領隊伍四圈。隊伍中最弱的提波受到保護，盡可能待在隊伍後，通常只會在領頭的位置待半圈而已。

這是我們基本的公式。可以根據不同選手的強度做出調整（而這些數值則來自訓練時的測量）。舉例來說，假如提波狀況極佳，我們就會讓他帶頭久一點。我們都同意依循特定的策略後，就不太會有犯錯或臨時改變的空間。

一旦比賽開始，每個成員都有責任完全按照計畫進行。然而，這也不代表不能有任何改變。自由車選手常常談論今天自己的腿感覺如何。有時候，雖然沒有什麼明顯的理由，但你卻需要加倍的力量才能保持同樣速度。痠痛會在你的腿部比平常更快速累積，而你也會意識到自己不可能依照先前的策略完成比賽。

當你在隊伍前方時，就有責任決定並維持大家同意的速度。太快加速太多的話，你就會在隊伍前待得比計畫更久。你後方的選手必須比計畫中耗費更多體力，於是不太可能按照計畫維持領頭的距離，因為他們在後方時已經消耗了部分的有限能量來加速。

假如速度太慢，你會讓隊友面對重新加速、拚命奪回失去時間的艱鉅挑戰。因此，你必須判斷自己該在隊伍前方待多久。假如第二位選手覺得狀況很好，就會迫不及待希望你退開，讓他到前方傾注全力。假如他的狀況不好，則會惴惴不安。

團體追逐賽代表的是一種奇妙的團隊合作。我們為彼此和自己都帶來痛苦，然而與此同時，我們也彼此保護。國家隊擁有太多頂尖王牌的卡牌，教練可以選擇四位很合得來的選手。他們的程度只會有相當微小的差距，因此不需要像我們一樣，訂定策略來保護最弱的選手。

然而，我會說這也是他們的弱點。當這四位很匹配的選手上場時，假如有一位臨時狀況不佳，團隊並不會預先思考應對的方式。假如隊伍在終點線之前就先崩潰，那麼嚴格遵照計畫就沒有意義了。因此，我認為**重要的是看見每個人的不同，並做出最好的利用**。

二〇一七年三月，我們四個人搬進德比的一間房子。打掃等日常的家事成了比賽前的準備之一。就像比賽時會輪流替輪胎打氣和調配能量飲料一樣，我們也會輪流做家事。

運動員的住處必須寧靜、整齊而放鬆。關於倒垃圾或煮晚餐的衝突只會浪費能量。同樣的道理也應用在隊伍營運的行政作業上。艾莉喜歡規畫交通和住宿，而我們相信她可以處理得很好，所以只要有需要，她就會幫我們做。

當我們發揮每個人的優點時，就能確保大家都感受到重視。當我們在做自己擅長的事時，就會覺得比較快樂。我們都很清楚，每項任務都是為了唯一的目標努力——在賽道上速度更快。由於勝利是共享的，榮耀也是。每個人都擁有同樣強大的動力。

在賽道上，團隊內的溝通幾乎不可能。在家中，這卻不可或缺。我們面對任何問題的計畫，就是每個星期都在家中進行會議，每個人都有機會表達自己的擔憂、關切、問題和骯髒的衣物。

有時候這樣的會議會帶來激烈討論。當團隊中有天生的樂觀主義者（我）和天生的悲觀主義者（提波），注定會發生歧見。隊伍的其他成員時常會質疑我對於數據的應用，也質疑我對數字的信仰和詮釋。

雖然這常令我挫折，但我知道自己必須面對挑戰，並且用有建設性的方式來回應。我知道，就算只是傾聽這些抱怨，也能讓我們的隊伍更強大，讓我的思考不淪為自滿，並且客觀的幫助我們提升表現。

在逆向工程的過程中，我學到的關鍵就是：**當開始評估自己手中的資源時，團隊就誕生了**。團隊成員們雖然還不像個團隊，但我知道假如有著共同的目標，我就能打造出有效率的團隊，而我們的資源也會更加強大。換句話說，資源可以發揮一加一大於二的效益。

下一步，我必須與團隊一起努力。我們已經拆解了即將面對的挑戰，如今則開始重新建構，設定具體的目標。而其中最重要的，就是測量與評估。

第 4 部

實踐逆向工程的最佳工具

11 目標與關鍵結果法，谷歌、亞馬遜都在用

弗朗切斯科・莫澤（Francesco Moser）是一九七〇年代和一九八〇年代初期頂尖的公路自由車選手之一。莫澤來自義大利的特倫蒂諾區（Trentino），是一九七七年的世界公路賽冠軍，除了贏得三次義大利冠軍，也贏得許多經典的一日賽，其中包含三座巴黎—魯貝大賽（Paris–Roubaix）冠軍。

莫澤身形高大，有著流暢的騎車風格，很適合在鵝卵石路面騎車（在這種賽道上力量是最重要的）。他在計時賽的表現也很突出，職業生涯中，一共累積了兩百七十三座公路賽冠軍。

一九八四年一月，在職業生涯的尾聲，莫澤邀請世界的自行車媒體到墨西哥市旅行。他為他們準備了一個驚喜：他即將挑戰「一小時紀錄」（Hour record）。這項紀錄與其他的自由車比賽都不同，我們或許可以將之稱為賽道自行車的焦點賽事，只不過挑戰者並不

常出現，而某種程度來說也不屬於場地賽領域的一部分。雖然「象徵性」和「傳奇」這兩個詞在自行車界已經被濫用，但真的很適合用來形容一小時紀錄。

概念很簡單，一位自由車手在賽道上騎車一小時，並且記錄騎行的距離。假如挑戰者打破了現存的紀錄，就會成為新的一小時紀錄保持者。這項紀錄之所以崇高，就是因為挑戰本身很殘暴。

挑戰者必須計算並維持折磨人的速度，以至於當他們結束時，會完全力竭。而在那個小時中，挑戰者都必須維持比賽的姿勢。心理的強度和韌性都扮演了重要的角色。

挑戰一小時紀錄需要很大的勇氣。你無疑是在向全世界宣告，你比之前所有的自由車手都還要更優秀。**贏得世界冠軍、打敗所有同時期的選手是一回事，而打敗歷史上所有的自由車手就是另一回事了。**

這項挑戰的歷史源遠流長，最早可以追溯到一八七六年，美國的法蘭克·多茲（Frank Dodds）在大小輪古董紳士車（penny-farthing）上騎了十六·四七六英里。許多偉大的自由車選手都挑戰過，包含環法自由車賽的冠軍馮斯托·科皮（Fausto Coppi）和雅克·安克蒂爾（Jacques Anquetil）。

當莫澤開始考慮挑戰世界紀錄時，官方的紀錄是四十九·四三一公里（三十·七一五英里），由比利時選手埃迪·默克斯（Eddy Merckx）於一九七二年在墨西哥城寫下。墨西哥城的海拔兩千三百公尺，空氣的密度顯著低於平地。普遍認為，默克斯是歷史上最偉大的自由車選手，而他宣稱這是他「騎過最困難的挑戰」。

一九八三年夏天，莫澤和他的教練及車隊經理一起坐下來，討論挑戰默克斯紀錄的可能性。雖然默克斯的騎乘距離很驚人，但紀錄是十年前所創下的，而自行車的科技已經又進步了許多。

默克斯在墨西哥城使用的是特製的場地賽自行車，車身特別輕巧，然而他的騎行姿勢則和公路賽的姿勢相同。幾乎沒有考慮到空氣力學的概念。莫澤的教練康科尼（Francesco Conconi）相信，假如更聚焦於生理學和空氣動力學，默克斯那看似高不可攀的紀錄其實近在呎尺。

他們成立了團隊，並且將整個任務拆解成不同的部分：訓練、自行車、服裝和後勤。康科尼和莫澤密切合作，透過特別的間歇訓練，來提升他的有氧運動門檻，也就是他能維持一小時的最大力量輸出。

每次的訓練都會利用心律監測器來記錄，在當時可謂創新之舉。與此同時，莫澤團隊的工程師小組由安東尼奥・布蘭德齊（Antonio Brandazzi）帶領，開始打造可以穿過墨西哥低密度空氣的自行車。

布蘭德齊很清楚，**重量輕的自行車不一定適合賽道**。相反的，他的設計是讓高大的莫澤採取低俯的騎車姿勢，輪胎則能讓空氣平順的流過。義大利製造商「Ambrosio」為莫澤開發了世界首創的碟輪。這種「實心」的車輪兩側都有堅固表面，看不見輻條，重量很重。但布蘭德齊認為，重量其實是優勢。

碟輪就像飛輪一樣，能幫助莫澤維持他的速度。至今，這都是一小時紀錄挑戰者和專家們持續爭論的一點。我的觀點是，高慣性輪並沒有太多優點。和車手的質量所儲存的動能相比，車輪所累積的慣性其實相當微小。

莫澤在一九八四年一月十九日所騎上的銀色自行車，重量幾乎是默克斯的兩倍，而以當時的角度看來外型也相當奇異。莫澤穿著絲質的車衣，戴著萊卡的帽子，無鞋帶的鞋子上套著鞋套。陽光燦爛，喧囂的群眾擠滿了舊的奧運場館。

莫澤的策略很謹慎。他宣告，假如他在五公里、十公里和二十公里測量的時間和默克斯很接近，他就會持續騎一個小時。若否，他就會退出，改天再試一次。最後，他不只在這些初期距離比默克斯快，他整整六十分鐘都比上次紀錄更快！他成了歷史上第一位突破五十公里的選手，創下了五十．八〇八公里的紀錄。四天之後，他再次挑戰，而這次把距離拉長到五十一．一五一公里。

這是一小時紀錄史上的重要時刻。這個紀錄不再是厲害的公路賽選手可以在幾個星期額外的訓練後，進入比賽場館，並且希望自己的腿夠給力，就足以打破的。

如今，一小時紀錄成了專業的項目，任何考慮挑戰的人都需要投入相當的時間和心力。先進的器材也變得很重要。莫澤的紀錄維持了將近十年，直到一九九〇年代中期又再次興起一波挑戰潮。那時科技、運動科學又有了長足的進步。

莫澤的一小時紀錄，是自由車比賽中空氣動力學的轉捩點。自然的，自由車界中的傳統主義者花了一些時間才跟上義大利人的創新。有些思考比較新潮的選手也開始在公路計時賽中使用碟輪。

一九八九年，美國選手葛瑞格・雷蒙德（Greg LeMond）在環法自行車賽進入巴黎的計時賽中，以八秒之差打敗法國選手洛朗・菲農（Laurent Fignon），贏得冠軍。

雷蒙德使用了碟輪作為後輪，戴了空氣動力安全帽，並加裝手把延伸器（當時稱為「鐵人三項把手」，因為鐵人三項的選手最先採用。這項新興運動對於創新抱持著健康的態度）。如今這類延伸器，幾乎世界上每個計時賽選手、鐵人三項選手和追逐賽都會使用。

延伸器讓雷蒙德可以保持較低、較窄也更緊密的姿勢，不僅更符合空氣力學，也不會減損他傳達到踏板上的力量。菲農曾經聽說過碟輪，卻不知道空氣動力把手延伸器或空氣動力安全帽。他騎車時頭上什麼也沒戴，註冊商標般的金色馬尾在空中甩動，而他拚了命的想在巴黎的香榭大道上留下冠軍的黃色車衣。當菲農通過終點線，癱倒在地時，讓自行車的世界看到了只要善加利用空氣動力科技，就能贏得比賽。

關鍵指標，藏在試算表的因果關係裡

假如你是業餘自由車選手，有一些閒錢可以花，或有一張閃亮的新信用卡，你現在就可以出門買一對嶄新的輪胎。你或許會認為，既然這對輪胎更符合空氣動力，一定能幫助你騎得更快。

從某些角度來說，這些速度是免費的，因為你並不需要付出任何額外的生理上的努力（就先別擔心信用卡帳單了）。但光是假定是不夠的。你怎麼確定這些輪胎能讓你更快？又或是說，你怎麼確定任何和運動表現相關的事？

「測量」對於現代菁英運動來說至關重要。**如果你無法測量，就無法改善**。直覺有一定的重要性——畢竟運動員是人類而不是機器人——但假如某個項目可以測量，你至少該考慮一下。

重要的是必須專注在會造成影響的變數，特別是會顯著改變表現的因素。我們的時間、能量和金錢都是有限的，因此測量和分析所有的變因顯然不切實際。找到重要的變因，並記錄其隨著時間的變化。

對於追逐團體賽的選手來說，真正重要的因素有兩項：力量和阻力係數（CdA）。

力量代表的是選手從身體轉移到自行車上，因此轉為前進動力的能量。CdA測量的則是選手和自行車的空氣動力。

CdA由兩個因素構成，迎風面積（A）和阻力係數（drag coefficient），也就是將物體所承受的阻力進行量化。速度越快，CdA對表現的影響就越大，因為空氣動力的阻力和速度呈現立方性的變化。

因此，你的速度越快，你輸入的力量就有越大的比例要用來對抗空氣阻力。假如莫澤採取的是標準的公路賽騎車姿勢，並且穿著寬鬆的車衣，或許他就沒辦法打破默克斯的紀錄了。

不過，這是職業自行車的領域了，回頭談談業餘自由車手和閃閃發光的新輪胎吧。如果想評斷輪胎是否有助於提升速度，最好的方法就是透過所謂的「科學方法」。

科學方法是現代科技的基石，廣泛應用於所有的科學領域，它是理論發展的中心，也應用在社會科學等實證科學上。科學方法的架構是，科學家會先建立假說，接著設計並進行實驗來測試假說，蒐集結果的數據，和預期的結果加以比較，然後再修正假說。科學家會不斷重複這個過程，直到結果出現一貫性，或是蒐集到足以解釋結論的數據為止。

若想測試新的輪胎或是其他的配件是否符合空氣力學，過程其實很直觀。早已有人設計出這樣的實驗，所以我們只需要預約風洞測試或自由車賽道的場地，進行對照實驗，比較新舊輪胎的結果就好。

我得承認，很少業餘自由車手會到風洞測試自己的裝備。他們大部分只會對製造商的說法照單全收。但我的重點是，評測需要科學的方法，也需要數據。蒐集數據可能曠日費時，這就是為什麼只選擇真正重要的評測項目很重要。專注在能帶來改變的層面，然後更深入的了解。**唯有了解了重要的層面，從充分的數據中找到方向，我們才能做更進一步的評判**。

在大部分的訓練中，我們都會測量空速（你如何利用前方選手的牽引氣流）、輪胎的速度與力量，並且運用三軸加速度計和陀螺儀的數據來推斷輪胎的力、自行車在賽道上的位置，以及自行車和賽道的角度。

當我不騎車時，就是埋首於試算表，看著各種數據，尋找其中的因果關係。自行車在賽道上的角度如何影響車輪的速度和質量速度的中心？輪胎的寬度和紋路如何影響滾動的阻力和控制？不同的選手順序和配速策略，又如何造成不同的空氣牽引效率？

當我試圖尋找這樣的關聯性時，總是從假說開始，並且以問題的形式提出。接著，我會進行一些測試來評估這個假說，測試的地點通常在場館中，但假如要測試設備，有時則需要設計並建造新的試驗裝置。

假如有無限的時間和資源，理論上我們可以進行無限多的測試，因而了解每一項微小的因子如何影響表現。然而，實際上我們只能聚焦於自己認為影響最大的部分，並且根據其他人蒐集過的數據來判斷變數。

面對新的情境時，我會**先列出可能影響表現的因子，並且透過量測來縮小範圍**。最後的結果會按照影響的程度條列。我們會因此決定投入時間、心力和金錢的優先順序。許多面對艱困挑戰的人都會經歷這樣的排序過程——首先，解決那些對你的表現影響最大的項目，假如還有時間，再按照清單往下進行。

我們很容易陷入一種迷思：金錢可以解決所有問題，而沒有錢就注定要失敗。根據我個人的經驗，這樣的心態也常出現在自由車賽事中（大概所有運用科技的運動項目都難以避免）。

英國自由車協會受到政府的大量贊助於是取得成功，更是強化了這個論點。但這並不是真的。參加比賽或許有最低的預算限制，但除此之外，金錢和表現之間的相關性並不是線性的。態度帶來的影響更大，而試驗和評測也至關緊要。

不同隊伍間的訓練方式其實差異並不大。每個人都知道成為優秀追逐賽選手的基本條件，也都知道不同的訓練項目如何改善表現。一般來說，訓練都混合了長距離的公路耐力訓練、健身房的力量訓練，以及高強度的賽道無氧運動能力訓練。假如每支隊伍都採用這種基本架構，那麼決定勝敗的就是細節了。唯有透過試驗測量，你才會知道細節對表現所帶來的影響。

評量標準要與目標相關才有意義

從以前的學習中，我知道試驗測量必須和目標有所關聯。在一九七〇年代中期，年輕的電腦工程師約翰・杜爾（John Doerr）進入英特爾（Intel）公司。英特爾當時只是加州聖塔克拉一間新成立的電腦公司而已。杜爾在創辦人之一安迪・葛洛夫（Andy Grove）手下工作，而葛洛夫在日後將成為管理科學之父。

葛洛夫是充滿啟發性的領導人和老師，在他的帶領下，英特爾成了家庭電腦在美國快速擴張的背後推手。他在英特爾的期間，公司的收益從十九億美元提升到兩百六十億美元。

在追求團隊目標方面，葛洛夫推動一種名為**「目標與關鍵結果」**（Objectives and Key Results，簡稱OKR）的方法。使用這種方法時，第一步是訂定「目標」，接著精確列出能幫助你達成目標的少量「關鍵結果」。

關鍵結果必須可以測量且相對簡單。理想上來說，當你回顧自己是否達成結果時，必須可以用是或否來回答。「目標」可以是長期或短期，但過程中必須定期回顧（在企業環境中，通常是一季一次，我們的情況則是每週一次）。

在英特爾公司，目標與關鍵結果法帶來的影響之一，就是讓整個工作場域變得更民主了。衡量員工成就的標準，是他實際執行了什麼，而不是他們的想法、職位或經歷。而員工會因為個人的成就而受到重視。

然而，目標與關鍵結果法卻與經濟上的報酬沒有關聯。這是因為葛洛夫相信，目標背後的理由應該不只是經濟上的獲益。當然，假如你達成了所有的目標，那麼在爭取加薪時大概就能底氣十足了……。

杜爾採用了葛洛夫的目標與關鍵結果法。在一九八〇年離開英特爾後，他轉職創業投資，為許多企業家提供協助，特別是科技領域。一九九九年，杜爾前往拜會谷歌（Google）的創辦人賴利．佩吉（Larry Page）和謝爾蓋．布林（Sergey Brin）。當時，谷歌的資金並不多，還只是個測試版的搜尋引擎。

佩吉和布林在車庫裡工作，而杜爾就在乒乓球桌上向他們提案。除了投資的提議外，杜爾也倡議用目標與關鍵結果法來管理公司。關於這場傳奇性的會面，有些文章說佩吉和布林很欣賞目標與關鍵結果法。然而，杜爾本人在二〇一八年的TED演說中提到，布林只說：「我們沒有其他管理公司的方法，所以就這樣吧。」

一切進行得很順利。**谷歌大部分的成長，以及網飛（Netflix）、亞馬遜（Amazon）等**

其他科技公司的發展，都可以歸功於目標與關鍵結果法。

如今，谷歌仍採用葛洛夫的方法。谷歌的員工每一季都必須寫下自己的目標和關鍵結果。這樣的架構可以應用於任何形式的目標、工作或人事。和科學方法類似，**目標與關鍵結果法的美好之處在於其簡單性。**

對於評測的重視會帶給我們方向。而無論你是否選擇目標與關鍵結果法，都要記得：**衡量評估重要的事，是通往成果的第一步。**

12

正回饋循環，幫你找對因果關係

一旦你知道重要的事物為何，就可以開始改善自己的做法，其中，準確度是最重要的。我們的目標是建立正回饋循環——在這個系統中，一項變因的提升就能使另一項變因提升，而又再使前一項變因提升。有些人會稱之為良性循環，與惡性循環恰好相反。

正回饋循環透過評量來創造出持續進步的文化。少了這樣的循環，我們就只能不斷使用相同的資訊，達到相同的結論；這絲毫無法對我們的表現有更深入的了解。

人類天生就需要正回饋循環。事實上，我們的演化就是以此為根基。數千年以來，人類從各式各樣的來源獲得資訊，並依此調整自己的行為。

資訊：老虎吃了我的朋友。

行為調整：避開老虎。

適者能生存的理由就是他們不斷從回饋中學習，並得到更多回饋。

比起躲避吃人的野生動物，現代人更關心的是改善健康。隨著科技近年來的快速進步，我們能得到的資訊量遠比過去更多。舉例來說，穿戴式科技給了人們豐富的數據，讓我們知道自己的運動量和睡眠品質等等。

上百萬人都佩戴智慧型手錶，並且能取得這一類的數據。然而，**唯有主動使用這些訊息而非被動接收，我們才能真正改善運動的習慣或睡眠的模式**。這個過程其實不會很複雜。

簡單來說，就是了解自己的狀態，找到改善的方法，並運用數據來追蹤自己的進步。接著再一次重複這樣的過程。正回饋循環在無意識的情況下發生，而**假如我們能有意識的加以利用，就能改善自己的表現**。正回饋循環分為幾個階段，組合起來就能持續循環運作。上個章節提到的科學方法就是個好例子。基本上，五個階段如下：

1 計畫：每個正回饋循環都必須基於明確的規畫。除了列出你的計畫目標之外，同樣重要的是寫下方法和評量的標準。

2 蒐集資訊：假如我們想要做些改變，就得找到衡量的方式。透過試驗（現實或模擬的環境皆可），我們可以蒐集相關的數據，得知改變帶來的結果。評估後必須帶來行動，就像智慧型手錶的例子告訴我們的——手錶可以追蹤個人整天的心律，但假如不了解生理學，又沒有具體的目標，那麼這些數據就不會有太大的幫助。

3 分析：我們要尋找呈現出因果關係的數據。

4 討論和反思：分析不一定會馬上帶來清楚的結論。有時候，結果會讓人困惑。而跨領域的團隊能帶來不同觀點和嶄新的見解。有時候，思考的過程也需要討論和反思的時間。我發現自己最好的點子都不是來自盯著筆記型電腦，而是在外頭騎自行車時。

5 路線調整：找出因果關係後，我們就能開始做出實際上的決定，或至少發展出假說。一開始，我們比較容易專注於提升數據的豐富程度。假如沒有明確的結果，就必須思考原因，並且改變第一到第四階段關注的焦點。

許多產業和專業領域都是以正回饋循環為根基。舉例來說，行銷領域的關鍵在於了解目標受眾對特定廣告活動的接受度，否則公司很可能只是對著空氣宣傳，白白浪費一堆錢而已；更糟的情況，還有可能造成負面的形象。

有效的宣傳計畫，不只要包含評估的方式和標準，也需要有多元的工具來分析數據，並調整使用的管道。控制管理正回饋循環的技術自動化程度越高，所需要的人為管理也就會越少。

二〇一九年，我開始為新創科技公司「Notio」效力。Notio 於二〇一六年由加拿大自行車廠「Argon 18」所創立，是發展未來概念自行車計畫的一部分。Notio 開發功能多元的自行車感測器，而這些黑色方形的小機器可以裝在把手上。這在十年前是不可能的，因為當時的感測器體積都相當龐大。

如今，體積和成本都已經大幅降低。Notio的成就在於創造出可以正確、精準並反覆量測現實世界空氣動力的科技，讓任何選手都得到數據。這讓空氣動力學的發展更加大眾化，過去無法取得昂貴科技的人也能進入空氣動力的世界。

有了科技幫忙，選手們想騎得更快，不再只能靠提升力量。每隔二十毫秒，感測器就會蒐集並處理資訊，傳送到應用程式中，而後再上傳到分析軟體。

對參與追逐賽、計時賽或鐵人三項等高速計時自由車賽的選手來說，空氣阻力會是造成能量損失的主因。選手所產出的所有能量都必須流向某個地方（回到基本的物理定律，能量無法被摧毀），而其中八〇％都用在騎車破風的過程。

為了得到精確的阻力係數（CdA）值，感測器的原理如下：假如可以測量騎車過程中所有造成能量損失的其他因素，那麼剩下的數值就會是空氣阻力，標準化之後就可以得到CdA值。

感測器測量空氣速度、坡度、震動和空氣密度，並且利用測量的數據和使用者定義的數據，來計算使用者的CdA值，並且即時傳送給使用者，也登錄以便進一步分析。

來自比利時的沃特·范·阿爾特（Wout van Aert）是個極具天分的自行車神童，如今也是職業自由車選手。他三度獲得世界越野車賽冠軍，在二〇一九年將目標轉向公路賽，目標是在巴黎—魯貝大賽等艱難的一日賽中取得成績。

在這項賽事中，選手必須通過鵝卵石鋪面的鄉間道路。阿爾特也希望提升自己的計時賽成績。他的教練正確判斷他能在計時賽中表現出色，因為他可以在三十分鐘到七十分鐘內維持世界級的力量輸出。

越野賽在冬天進行，場地是公路以外的短距離路徑，通常都泥濘不堪。比賽會持續一小時，選手從一開始就全力前進，並且維持同樣的狀態直到終點。因此，越野賽冠軍在力量上的某些數值會是體育界數一數二也不令人意外了。

二〇一九年春天，阿爾特的體能狀態良好，但在空氣動力方面需要改善。他的車隊 Jumbo-Visma 向我尋求協助。然而，阿爾特沒有辦法空出行程到風洞來進行測試。

事實上，他在忙碌賽期中唯一的空檔，是在阿爾卑斯山上的高原訓練中心，距離最近的風洞場地還是非常遙遠。我搭飛機到訓練中心和阿爾特及教練談話，商量精準測試所需要的準備。

可以理解的是，他們希望盡可能減輕阿爾特的壓力和疲憊程度。高原訓練已經夠辛苦了，最好不要再讓他進行全速的計時訓練，只是為了讓熱愛空氣動力學的怪咖們計算出他的數值。

我們必須找個可以重複進行相同測試的地點。四處探詢後，我們找到了一段四公里的道路，坡度僅四度而已。道路的表面平整，沒有障礙物，也鮮少車輛通過。幾乎沒有人會在五月造訪滑雪度假村。

坡度意味著當阿爾特向下騎行時，速度就接近他平時的計時賽速度，但會輕鬆許多。團隊在山腳下安排車輛，可以將阿爾特接回山上，技術人員則會在山頂按照需求調整他的自行車。

安裝好 Notio 感測器後，我們測試了十五次，嘗試不同的騎車姿勢。由於整體條件並不複雜，可以重複操作，而且阿爾特的速度很快，我們得到了明確且全面的數據，因此取得了清楚的結論，讓團隊知道該採取哪些行動。

幾個星期過後，讓許多評論家跌破眼鏡的是，阿爾特在杜多芬繞圈賽（Critérium du Dauphiné）的計時賽取得冠軍。這場比賽被視為環法自由車賽重要的暖身賽。再過幾個星期，他又打敗一小時世界紀錄的保持人維克多．坎佩爾茨（Victor Campenaerts），獲得計時賽冠軍，證明了他的成績絕非僥倖。

接著阿爾特轉換目標。身為跨項目的職業選手，他的隊伍給了他許多要求，這些要求有時甚至彼此衝突。然而，假如我們能繼續計時賽測試的過程，並且將對於表現的分析擴展到其他層面，他或許就能持續進步。

每次訓練，我都會在KGF團隊的自行車上裝設Notio感測器。我們每半圈就會登錄一次數據，並且開發了自己的分析軟體來運用蒐集到的數據。這讓我們設定自己分析表現數據的標準，並建立起扎實的資料庫。

這是所有發展的基石。或許有些人認為把運動競賽都歸結於數據、數字、數學計算和物理令人感到挫折，甚至是無趣乏味，因為我們喜歡看奧運的精神，或是天賦異稟的選手憑著直覺比賽。

然而，真正的體壇可說是天差地別。或許默克斯的世代是最後一個如此競賽的年代吧。科學在二十世紀晚期開始稱霸體育，並且隨著網路的發展逐漸加速擴張。

身為工程師兼職業運動選手，我的任務就是去了解影響表現的因素。迷信在我的工作中一點意義也沒有，重要的是創新和數學。只要有科學和分析，我們就會加以利用；假如特定領域的科學和分析還不存在，我們就應該努力開發和創造。

在賓士車隊裡，車輛會提供一萬六千多筆數據。這些數據將提供隊伍的工程師關於車輛表現每個層面的資料，並且讓他們能獨立出單一的零件或特性。

這裡我用進站維修的策略，來說明隊伍如何進行評測：首先，隊伍會根據經驗和一些理想主義來開發進站維修的策略，接著，他們製造出感測器來測量該策略的關鍵參數，並判斷哪些因素會帶來重大的影響。

下一步，在訓練開始後，他們會發現自己分析中的缺失——也就是進站維修過程中沒有測量到的部分。因此，他們會開發出更多感測器，蒐集更多數據，並且提升表現。

前面的章節裡，我們用維修站的例子來說明良好的團隊合作。現在，我們可以看出隊伍之所以能在兩秒內更換四個輪胎，另一部分的原因就是專注而徹底的量測評估。

準備好鬆開螺絲的技工不只操練了他的任務數千次，過程中也在他的工具上安裝了許多感測器。感測器會測量工具與螺絲接觸的角度、螺絲力矩轉開的時間、輪胎取下的時間等等。

過程中每個瞬間都可以加以分析優化，例如改變螺絲的形狀使它能更快就定位，或是判斷當賽車進站時，技工的注意力應該集中於何處。**當團隊衡量這些細小的細節時，就能蒐集到豐富的數據，創造出正回饋循環**，持續改善隊伍的表現。他們有足夠的預算，也很清楚現代F1賽車的成功，就來自所有微小進步的累積。

假如大部分的人或組織都能為每個目標寫下幾個關鍵結果，那麼F1賽車的工程師大概可以寫下一百個。但原則還是一樣的——**判斷能提升表現的因素，並且加以量測**。

大部分的人都沒有F1賽車團隊那種豐富的資源。然而，假如你已經花了一些時間來判斷真正重要的因素，就再花一些時間來思考數據吧。

正回饋循環出現了嗎？精確度可以再提升嗎？頻率呢？研究兩項變數的關聯性，是否帶給你新的觀點？假如特定的表現並沒有隨著時間而改善（並未符合你的計畫），這是否代表你的某些假設出錯了呢？

數據是活的，當我們改變時，它們也會跟著改變。數據客觀而誠實。最棒的是，假如妥善運用，數據將帶領我們邁向進步。

第5部

進步的過程很乏味，但所有習慣都會累積

13 成功者的日常生活都很乏味

開始認真追求目標之前，我知道我們必須在英國打造出能提升表現的環境。我們需要適合的訓練設備，而這意味著找到能使用的比賽場館、健身房，以及適合訓練的公路。在公路訓練方面，德比是很棒的選擇，因為當你需要陡峭的坡度時，可以向北到峰區（Peak District）；需要比較平坦的地形時，則可以往南。德比的位置在英國的中央，靠近M1高速公路，因此要參加全國各地的公路賽或計時賽都很方便。

我們隊伍全心投入目標的關鍵做法，就是大家同意住在一起一整年。對我們來說，每個人能在相似的狀態相處很重要，不能只是一起訓練完就各自解散。查理做出的改變最大，他必須把自己的工程學位學業從提賽德大學（Teesside University）轉移到德比大學。

我們都覺得自己的人生按下了暫停，而雖然我對達成目標的可能性很樂觀，但內心深處，還是偶爾會懷疑這種狀態能維繫多久。然而，**一旦開始行動，憂慮就會消失**，我可以單純的活在當下。如今回首，這樣的安排或許難以長久，但我們還是辦到了。

我們大部分的訓練都在德比的場館賽道進行，因此住近一點也很合理。幸運的是，德比場館周邊的區域是整個城市中房價最便宜的。然而，我們還是沒什麼錢，而房屋仲介通常也不太願意把房子租給四個二十多歲的年輕人。因此，我們想到了有創意的解決方式。

強尼和我一起拜訪房仲，兩個人手牽手走進辦公室。當我告訴房仲，房子只是租給我和強尼時，強尼深情款款的看著我的眼睛（我們還編了一整套背景故事，只可惜沒機會說）。要忍住不笑真的很難，尤其是當強尼對我搧動睫毛時。我們用最快的速度簽完文件，逃離辦公室，一通過轉角之後就笑倒在地。

波特蘭街的房子是一九三〇年代的半獨立式建築，有三間臥室。雖然對我們四個人來說太小了，但我們也只付得起這間。大多數的日子，都是提波睡在沙發上。我們在客廳中央裝了簾子，給提波一些「臥室的隱私」。

查理的房間很小，當他躺在床墊上時，頭和腳都會碰到牆壁。床墊當然是直接放在地上，沒有床架，而且到處都擺著自行車的配備。房子裡似乎總是會有幾扇門被固定的訓練車架給擋住。

我們選擇這間房子的理由之一，是房子的室內車庫可以好好擺放我們所有人的自行車。在我們搬進去之前，並沒有想到自己即將進駐密德蘭（Midlands）犯罪率最高的區域中，犯罪率最高的城鎮，而且還要在車庫裡放滿昂貴的自行車。這將會是個大問題。當地的小偷沒多久就注意到我們的存在了。

團隊的表現，取決於個人是否嚴格遵循計畫

除非你是菁英自由車選手，或是曾經出演以火星為場景的電影，不然你大概不會去過特內里費島（Tenerife）的泰德峰（Mount Teide）山頂。那是個奇特的地方——遺世獨立又荒涼。

西班牙最高峰泰德峰是活火山，有鋪面完美的環山道路穿過月球表面般的景色，是陽光下理想的高原訓練場地。如果待得夠久，你一定會看到一群苗條的年輕人，流暢的騎乘自行車，而每輛車的價格大概都超過一般的家庭房車。

在海拔超過兩千四百公尺的泰德峰，專業的耐力運動員可以透過創新而獨特的刺激方式，來提高吸收氧氣的效率。這樣的訓練在其他地方都難以複製，而且能提升選手的生理適應能力。

高原訓練的益處已經受到充分證實。我們需要的，只是利用遠低於對手的預算，達到

相同的助益。找到訓練場地後，運動員也需要良好的營養和休息。奢侈的飯店能提供的正是這些，但真的是種奢侈。

泰德峰高原訓練目的，就是讓我們在生理和心理層面都習慣較高的海拔。人類表現很大一部分取決於大腦。如果能了解高海拔的感覺，對於在平地騎車就會影響很大。

我們進行為期兩個星期的訓練、休息、進食和分析。重複的訓練有時很無趣，但我的隊友們都是我最親近的朋友，讓一切容易許多。有時候感覺不太真實——騎車反覆通過同一條山路，在火山的半山腰，陽光很刺眼，身體很折磨。在那些時刻，**我必須不斷提醒自己：這時的難受，和我即將在世界盃體驗到的四分鐘痛苦息息相關。**

我們的訓練和專業大型車隊不太一樣。他們有舒服的旅館、專屬的廚師、技工、按摩師和物理治療師。我們用自己的信用卡支付訓練費用，待在山上最便宜的 Airbnb。

房子在半山腰，沒有連接電網，電力來自破爛的汽油發電機。水源來自屋頂上的雨水儲水桶，唯一的熱源則是火爐。訓練期間，我們是自己的廚師、技工、物理治療師和教練。由於房子裡的床不夠，我們還租了老舊的露營車，停在車道上。簡直就像《絕命毒師》（*Breaking Bad*）的場景。

住在一起，試著處理好所有的家事，在泰德峰山頂的毛毯下冷得發抖，這些都讓我們更加緊密。我們總是會找到解決的方法，並且讓友情更加堅定。當然會有壓力很大的時刻，也會激烈爭辯，有時是關於氣動阻力係數，有時則是關於洗衣機。然而，更多的是快樂的時刻和歡笑。我們成了密切且強壯的團隊。假如我們沒有住在一起，只在訓練時碰面，就絕對不可能如此。

除了控制實體環境之外，也必須考慮其他會對表現造成影響的因素，特別是和日常習慣相關的事情。**運動員的表現來自細微成長的累積，不可能突然間大躍進。**運動員的日常生活可能相當乏味，圍繞著訓練、進食和休息。很容易不小心養成壞習慣——偶爾吃一條巧克力棒，或是熬夜看一部電影。所有的習慣都會累積，所以目標是排除所有帶來負面影響的習慣，並保持正面影響的習慣。

為了達到這個目標，我很清楚自己必須控制社交環境。提波、查理和強尼都是很棒的夥伴，我們會帶給彼此正面的同儕影響。這給了我更努力自制的動機。**每個運動員都知道自己應該做什麼——問題在於他們的自制力夠不夠維持理想的生活模式。**

菁英運動員時常出現的負面行為之一是過度訓練——超出自己的訓練計畫，以為這會讓你的表現超出預期。然而，這注定只會帶來生理、心理的透支，和不如預期的表現。這有點像是只想用錢解決問題，做更多的訓練未必會帶來更好的表現。

提波、強尼、查理和我，有時也會因為好勝心想要打敗對方；但大部分時候，我們知道這麼做會有反效果。**我們是個團隊，而集體的表現取決於每個人是否嚴格遵循訓練計畫。**

我總是試著用全面性的角度來思考會影響表現的所有因子。訓練、睡眠和營養是比較顯而易見的幾項。然而，也有些比較不明顯的因子——我應該看哪些書和雜誌？我該居住在什麼地區？家人和朋友中，誰最支持我的目標？

無論目標為何，控制環境的原則都是相同的。逆向工程讓我們訂定計畫，跨過表現的鴻溝。我們努力的環境，將大幅決定成功執行計畫的機率。我們對環境的掌控程度越高，就能奠定越堅固的基礎。

14 撐不下去想放棄？「快樂瓦特」幫你欺騙大腦

準備二〇〇八年北京奧運期間，博德曼忙著當「松鼠密探」。這個團隊正努力開發新的設備，而改善空氣動力是首要目標。團隊的另一個關鍵成員是空氣動力學家羅伯・路易斯（Rob Lewis）。

路易斯的優勢在於，他對於自行車一無所知。路易斯、博德曼和同事們在風洞中測試新的想法。由於帶一整隊的自由車手到風洞中既昂貴且曠日費時，所以他們只帶了幾個老面孔——奧運選手傑森・奎利和羅伯・海爾斯（Rob Hayles）。他們的目標合情合理——密探松鼠俱樂部可以和這兩位選手一起研發新的配備，然後再分發給其他選手。

二〇〇七年底，團隊的焦點主要放在安全帽上，認為這可能會有重大的突破。追逐賽的選手已經有了很棒的空氣動力安全帽，只要選手的頭穩定面向前方就好。然而，**還沒有**

人真正思考過衝刺賽的空氣動力。

有部分的原因是，這個問題太過複雜。在衝刺賽或競輪賽中，車手會不斷轉頭確認對手的位置。車手的速度變化也很大，而比賽的時間太短，很難提供有效的數據來進行準確的測試。

他們提出的解決方式是空氣動力和現實的妥協，在後腦部分比標準的空氣動力安全帽更圓，眼睛部位則是有色的面罩（在衝刺賽中，選手必須看起來兇狠陰鬱一點）。

博德曼在自傳《勝利與亂流》（*Triumphs and Turbulence*）中，提到他將一些新的安全帽原型，帶到曼徹斯特的賽場上給教練和其他選手看。為了符合空氣動力效率和安全標準，密探松鼠選擇碳纖維作為材料。這使得新安全帽比選手們原先標準發配的更重，並讓他們有點擔心。

我們可以回頭看看莫澤和默克斯的故事。莫澤的工程師很清楚，在賽場中空氣動力比重量更為重要，但默克斯的工程師卻不了解。甚至到了二〇〇八年，莫澤打破一小時紀錄的二十年後，還是有許多場地賽的選手更擔心重量，而非空氣動力。

減輕重量的文化已經深植於自由車選手的內心，因為在公路賽中重量的確很重要，而大多數選手都是公路賽出身，後來才轉到其他領域。除此之外，也或許是減輕重量的概念比較容易理解。

任何騎車上坡的人都會希望自己的重量可以再減個幾公斤。比起空氣動力，抬起一輛自行車來感受其重量要清楚多了。**但在賽道上，重量一點意義也沒有**。

二〇〇八年二月，英國隊到哥本哈根參加世界盃賽。博德曼也一起去，並且帶了新的安全帽和其他密探松鼠在測試的配備。他驚訝又挫折的發現，隊伍中只有五個選手真的使用了他投入許多時間研究打造的配備。

這感覺大概就像是被打了一記耳光。但他接著注意到，使用新配備和新騎車姿勢的選手，都有參與試驗過程。他們見證了研發新配備的努力過程、背後的科學根據，以及理論上會帶來的進步。換句話說，他們相信這些配備。

從丹麥返回英國後，博德曼安排整支隊伍到風洞設施，參與一系列的測驗，嘗試不同的設備，親眼見證它們的效果。當選手騎車時，即時的數據就會投影到前方的地面上。為了傳遞出最清楚的訊息，投影的數據是以損失或節省的秒數來表現。如此一來，選手們就能親眼看見這些效益。測試結束後，隊伍所有的選手都至少選擇了一部分的新設備和零件。然而我們都知道北京發生了什麼事──英國隊稱霸了賽場，贏得了十二面金牌。

這個故事告訴我們什麼？我們已經了解到，**表現出色的隊伍是由清楚了解自身角色的成員所組成**，而每個人都全心投入，共同改善整體表現──想想F1賽車不到兩秒鐘的進站維修吧。

這類團隊的每個成員，都有強烈的動機來精進自己的表現，因為他們知道自己在做什麼、原因是什麼、進步的關鍵為何。換句話說，他們感受到了自己的力量。

參與博德曼試驗的選手也是如此，雖然或許是意外的好處，但他們第一手體驗了試驗的成果。一旦其他隊員也到了風洞，他們也都獲得了同樣的力量。英國隊的每個成員在當時都接受了同樣的哲學——運用科學來挑戰舊的方式，將帶來更快的速度，進而得到更多的奧運獎牌。

有些選手或許會選擇不接受特定的新發展，但至少他們的選擇是基於對正反方有充足且正確的理解。在自由車運動或其他運動領域，有太多時候知識傳遞的體系都是由上而下。績效監督會擬定表現的策略，交給教練（有些體系中教練也有階級制度），再由教練轉換為選手的訓練計畫。

傳遞鏈的最下方才是運動員。他們會拿到訓練計畫和一些器具，並且被要求按照指令進行。「你的工作是騎自行車，而不是問一些困難的問題」。因此，運動員並不清楚計畫背後的科學，當然也無法參與有意義的相關討論。

這樣的情況在年輕運動員加入歷史悠久、功績顯赫的隊伍時更是常見。年輕運動員渴望達成目標並贏得教練的賞識，而他們很快就會學到，最好的方法就是閉上嘴認真騎車，因為挑戰權威是不會有好結果的。

然而，這樣的恐懼文化只會造成反效果，不僅讓運動員過得很悲慘，也讓教練錯失了選手騎車後的珍貴回饋和點子。F1賽車的工程師會忽略賽車手說的話嗎？當然不會。賽車手的意見是重要的訊息來源，將會影響車輛的開發，畢竟他們才是上場表現的人。

傾聽第一線人員的意見，不只適用於菁英運動，也適用於更廣大的工作場域。企業發展史中，充滿了重大失敗的例子，而假如那些公司能好好聽聽員工的意見，許多損失其實都可以避免。

沒有任何點子是愚蠢的

二〇一四年，通用汽車（General Motors）因為點燃引擎問題，被迫召回超過一千四百萬輛車。然而，員工早在二〇〇五年就注意到背後的原因，並且向主管反映；不過直到消費者開始抱怨，公司才有所動作。

組織的規模越大，領導階層與第一線人員的距離就越遠。**企業應該找到縮短距離的方法，傾聽第一線傳達組織價值的員工**。這麼做不僅可以避免昂貴的錯誤，更重要的是，也能增加有意義的對話，幫助產品改良。

我向來相信以運動員為中心的體系，給予運動員足夠的工具來了解並提升自己的表現。從KGF團隊創立之初，我就與隊友分享自己的想法、假說、試驗結果和試驗的意義。

訓練的過程也融入許多科學教學，我會介紹自己所使用的科學方法和原理。我們隊伍中的資訊總是自由的分享，不像其他團隊那樣作為權力鬥爭的籌碼，因為有些教練相信資訊保密能帶來一些好處。對我來說，參加一個團隊卻不相信自己的同僚簡直是瘋了。

就像博德曼邀請英國隊選手到風洞那樣，我也會把試算表交給隊友（有時候經過簡化，避免大量的數據讓人望而生畏），呈現出使用特定安全帽的效益，或是改變力量輸出、頭部姿勢等所能帶來的改變，讓隊友們知道隨著比賽接近，可以抱持怎樣的預期心理，而我們做的事又如何提升了自己的表現。

有了這些資訊，我的隊友們便能感受到信任和力量，也知道自己如果有不同的看法，都可以提出來。我們的不成文規則是，**沒有任何問題或點子是愚蠢的，每件事也都能受到挑戰。每件事都可以辯論，如此才不會過早抹殺掉任何點子**。

我相信自己（其他人或許會說這信心是盲目的），而我是個永遠的樂觀主義者。即便挑戰可能讓人感到挫敗，但我已經準備好接受挑戰。當你訓練後精疲力竭時，通常不會想去解釋試算表的數字，或是解釋第一百次你的假說。但我知道這很重要，因為這意味著下一場比賽的起點線上，我們四個都能相信自己的準備過程。這會減輕我們的焦慮和壓力，更專注於眼前的任務。

ＫＧＦ團隊和我遇過的其他大型車隊的不同之處，是教練和分析的工作都由我們自己負責。我們投資自己。大型隊伍中，分析是由某一組團隊進行，而騎車的則是另一組人。兩組人雖然會有所互動，但絕對不會住在同一棟房子裡，而且也未必有共同的目標。運動員希望達到特定程度的表現，教練希望保護自己的飯碗，有時則想要升職。這兩邊的目標未必一致。

即便我們假定教練也想要比賽的成績，也不一定是同一場比賽、同樣的時間軸，或甚至是和同樣的運動員合作。對教練來說，這就是工作而已。我們或許可以說，教練的熱情不會像運動員那樣強烈。

在階級制度的教練體系中，假如你想要升職，就得小心守規矩，並且討好你的上司，就算你並不同意他的做法。在ＫＧＦ團隊，分析和表現相互結合，而任何提升都能帶給我們益處。

在高水準的團隊中，相信隊友和自身的力量都很重要。這意味著團隊中每個人都被信任，也都願意相信，但團隊也必須整體獲得賦權（empowerment）。假如團隊處在階級系統之中（無論是大型企業、教育或運動機構），只要能有一定的獨立性，就能蓬勃發展。

給團隊他們需要的資源（或你負擔得起的上限），放手讓他們去追尋一個目標，那麼一般來說，他們都能面對挑戰。這麼做才符合他們的利益。當人們被當成大人來對待時，就會有正面的回應；當你表現得像對待孩子，他們則會陷入負面行為的循環。

快樂瓦特——讓大腦延緩發出休息訊號

二〇一九年，環法自由車賽的第十二階段，澳洲知名自由車選手羅漢．丹尼斯（Rohan Dennis）停在路邊，下了自行車。他搭車到巴涅爾德比戈爾（Bagnères-de-Bigorre）的終點線，並消失在團隊巴士上。

他梳洗更衣後，在經紀人的陪伴下再次出現，拒絕對等待的記者說任何話。他們察覺到有什麼不尋常的事發生了——中途退出環法自由車賽很常見，但當天丹尼斯的表現其實不差。他沒有摔車，也不像是生病了。更詭異的是，隔天的比賽是個人計時賽，而丹尼斯是稱霸世界的冠軍。他的獲勝機率非常高。

團隊的管理階層表現得和其他人一樣困惑不解，但有許多報導都顯示，他在這場比賽大部分的時間都騎在團隊的車輛旁，與他的團隊經理爭辯。團隊手忙腳亂的做出回應，告訴記者他們困惑失望之餘，也很擔心選手的狀況。

他們接著對事件展開「調查」。假如丹尼斯和隊伍間的橋梁早已熊熊燃燒，這無疑是火上加油。丹尼斯回到妻子和剛出生的兒子身邊，等這件事的熱度降溫，人們的注意力再次回到剩下的環法大賽上。社群媒體上還是流傳著謠言和臆測，但向來聒噪直率的丹尼斯卻一反常態的保持沉默。

丹尼斯要退休了嗎？他的精神狀況崩潰了嗎？他在自行車的三大賽都贏過分站冠軍，也有五座賽道和公路賽世界冠軍，還在二〇一五年成為一小時紀錄的保持人，並且擁有許多其他成就。丹尼斯可以說是澳洲有史以來最頂尖的自由車選手，而當時二十九歲的他一定還有幾年的奮鬥時間。到底是什麼地方出了問題？

漸漸的，人們發現丹尼斯和團隊之間問題很大。眾所周知，丹尼斯是要求很高的運動員，總是積極爭取可以幫助他變快的任何事物，絕不保持沉默。在賽季前半，丹尼斯就對自己拿到的配備不滿意。

他看到其他選手有更符合空氣動力的車衣、配備和自行車，而自己的隊伍卻無法提供，因此感到挫折。就像所有職業車隊一樣，他們也受限於贊助商的合約。丹尼斯曾經在伍斯特郡（Worcestershire）博德曼運動表現中心的風洞設施中，獨自測試了一些新的緊身車衣，並且找到自己喜歡的款式。在環法車賽中讓他爆發的原因，是團隊告訴他，他不能選擇自己想穿的車衣。

八月和九月間，在他高調公開退出環法車賽後，丹尼斯待在澳洲的家中，不參加比賽，不接受訪問，也不在社群媒體上發文。他的隊伍碰了一鼻子灰，於是想和這位明星車手終止合約。而重要的是，丹尼斯在這段時期花了很長的時間諮詢運動心理學家大衛．史賓德勒（David Spindler）博士。據他的說法，他之所以重回賽場，都是多虧了這位醫師。

史賓德勒會協助運動員，了解他們的健康和心理狀態將如何影響自身的表現。透過研究和經驗，他對於運動員的壓力，以及隨之而來的問題都有著很深的理解，特別是針對自由車選手。

自行車是很傳統的運動。從歷史上來看，公路自由車隊一向不太擅長照顧自己的選手，也不曾嘗試了解他們的心理。車隊的態度是：上車騎車吧。假如有壓力：自己處理。

一路走來，總有許多無法避免的傷害和遺憾。史賓德勒指出，有兩類型的自由車手壓力特別大——第一年的職業選手和有小孩的選手。前者才剛脫離青春期，只有兩年的時間向隊伍證明自己；而有小孩會改變一切，讓選手不再希望大部分的時間都在旅行，也會更注意到自由車比賽中的危險。

由於**自由車隊伍通常沒辦法支持選手度過這些壓力**，**選手在壓力累積時也只會保持沉默**，**直到情況不可挽回**。這大致就是發生在丹尼斯身上的事，但和史賓德勒的談話拯救了他的生涯。

史賓德勒對運動員的協助，主要是以他身為認知神經科學家的研究為基礎。當丹尼斯在二〇一九年夏天向他求助時，史賓德勒正在進行他的博士研究，想探討**「快樂瓦特」（happiness watts）**的概念。

初展開博士研究時，史賓德勒想要知道菁英運動員在閾值功率之上表現時，如何做出決策。承受極大生理壓力時，運動員的大腦如何運作？他和新南威爾斯大學（University of New South Wales）的自由車選手合作，觀察到有些選手在比賽中全速前進時，能做出較佳的戰術決定，而他們總是能得到比較好的成績。

當他詢問可能原因時，他們回答：「快樂瓦特。」這個概念是，**快樂的選手能輸出較高的功率，也做出比較好的認知決策**。史賓德勒決定要從科學的角度探討這個想法。

最初，他閱讀大量關於快樂在大腦中如何表現的文獻，接著則是軍方人員在戰場的強大壓力下如何行動。下一步，他設計實驗，測試菁英運動員在情緒化情境下的認知能力。運動員被要求以接近閾值的表現騎車（也就是大約可以維持一小時的極限速度），並且執行認知任務。與此同時，史賓德勒和團隊則操縱運動員的情緒。

結果很清楚。快樂瓦特是真的。多巴胺和血清素（大腦帶來快樂的化學物質）濃度越高，皮質醇（壓力化學物質）的濃度越低，運動員所能輸出的功率就越大。

這些物質並不會在生理上改變運動員，相對的，只是延緩了大腦對身體說「好了，我們精疲力竭，該停了」的時間。換句話說，**快樂的運動員能全力以赴更長的時間。承受壓力或不快樂的運動員則比較快放棄。**

史賓德勒也發現，認知疲憊可能會讓表現變差。假如運動員因為熬夜打電動或花了幾個小時用社群媒體，而在心理上感到疲累，他體力透支所需的時間就會減少，和不快樂所帶來的影響相似。

顯而易見的，假如教練和醫生能找到讓運動員更快樂、心理上更充分休息的方法，就能提升他們的表現。運動員的大腦會撐更久才想停止，所以他們的身體能榨出更多力量。

丹尼斯在二〇一九年對團隊的不滿有很多面向。管理階層沒有能力或不願意用更好的方式與選手合作，結果就是讓他的挫敗感在心裡像壓力鍋般累積。到了環法大賽時，他覺得整個情況已經威脅到他的婚姻，而他不想成為又一個離了婚的運動員。當他的不快樂達到那樣的程度時，他崩潰了，並且把車停在路邊。

兩個月之後，丹尼斯到哈羅蓋特（Harrogate）參加國際自由車聯盟公路世界冠軍賽。他說，這是他人生中最重大的面試。他選擇代表澳洲並騎上沒有品牌的自行車，內心很清楚這是拋下所有煩惱的機會。假如他表現得很好，就能向全世界證明，他的實力絲毫不減。

丹尼斯的妻子和幼子一起前往約克夏看他比賽。他們是他坐上汽車，前往北阿勒頓（Northallerton）的起點前最後看到的人。路上，他在ＩＧ發了一張自己和兒子的照片，寫上：「真正重要的事物」。

從比賽的前幾公里開始，最後結果就很清楚了。丹尼斯稱霸了五十公里的賽道，並且以超過一分鐘的差距，打敗了相當有天分的年輕比利時選手雷姆科・埃文內普爾（Remco Evenepoel）。當丹尼斯通過終點線時，會習慣性的朝向空中揮拳；而這次在這麼做之前，他用手指輕敲了安全帽，表示這是心理的勝利。當丹尼斯停車時，他的妻子和兒子也是第一個上前擁抱他的人。

我們可以從這個故事學到什麼？先不提菁英運動，無論你身處哪個領域，目標通常都是優異的表現。你對自己和團隊都會有很高的期望。那麼，就很容易陷入造成反效果的工作模式。

施加壓力或許能在短時間內帶來效果，但累積的挫敗和衝突終究會有爆發的一刻。世界冠軍賽後，丹尼斯的團隊立刻與他終止合約，而他和英力士車隊簽下新約。

日後他告訴記者，布雷斯福在車隊中創造了努力且正向的環境。英力士車隊也以對細節的專注聞名（也就是積沙成塔的概念），他們會傾聽丹尼斯對配備的要求。雖然團隊或許沒辦法滿足所有要求，但他們會認真傾聽，也很尊重他。這才是真正重要的。

那麼，這代表事情不如你所願時，就要大發雷霆嗎？當然不是。這代表你必須為可以幫助自己進步的事物挺身而出。更重要的是，這代表你必須找出讓自己快樂的事物。當你在快樂的狀態下努力，達成目標的機率就提升了許多。

假如你是團隊領導者，這個故事也能教你一些事。或許丹尼斯的要求很多，但堅定而自信的團隊經理，不只有能力找到和丹尼斯相處的模式，也能欣然接受他的嚴厲。

團隊經理能夠透過傾聽並認真面對丹尼斯的問題，提升他的表現，並用同樣的方式改善整個團隊的表現。領導者應當思考如何激發團隊的最佳表現。在我們ＫＧＦ團隊中，**每個人都會彼此傾聽，並努力認真看待彼此的看法**。這很重要。假如我提出了意見，**即便最終未獲得採納，但至少我會覺得自己被聽見了**。

15 除了刻意練習，你還需要一位「局外人」

麥迪．科帝（Mehdi Kordi）並不是普通的自行車教練。在曼徹斯特大學（The University of Manchester）取得生物醫學科學學位後，麥迪還在倫敦國王學院（Kings College London）擔任研究員，探索身處於太空對人體所造成的影響。

他創造了可以在太空使用的心肺復甦技術，接著繼續研究骨骼與肌肉的訓練對年輕軍人所帶來的影響。二〇一一年到二〇一三年間，他住在德國科隆，在歐洲太空中心（歐洲太空總署的一部分）工作，從太空人選拔的過程中蒐集數據。

與此同時，麥迪也是很有成就的划船運動員，而且在二〇一二年的皇家亨利賽艇日（Henley Royal Regatta）獲得了泰晤士挑戰盃（Thames Challenge Cup）冠軍。

在比賽前，他每個週末都會從德國飛回來和團隊一起訓練，週間則在德國自主加強。就像我將所學的空氣動力學與自行車結合，麥迪也找到機會將他的學術成就與對運動的熱情結合。從太空人到運動員。

然而，他熱愛的划船運動並不接受現代的科學方法。划船這項運動與自由車場地賽同樣結合了耐力與力量，而文化上也很相似——划船運動歷史悠久，傳統都是從清晨開始訓練，訓練原則就是累積越多里程越好。

在自行車等其他運動都放棄這項傳統後，英國的划船界依舊堅持著，主要是因為教練階層缺乏新的思想。前任東德奧運隊教練尤爾根．葛柏勒（Jürgen Gröbler），在二〇二〇年退休前都擔任英國划船隊總教練，對該項運動大權在握，而且成就非凡。靠著著名的選手史蒂夫．雷德格雷夫（Sir Steve Redgrave）和馬修．平森特（Sir Matthew Pinsent）等人，**他贏得了無數奧運獎牌，也使他的方法變得不容質疑**。

對於不適合這種訓練方式的運動員來說，情況會讓人相當挫折。光是要達到有機會入選奧運代表隊的位置，就已經是漫長而艱困的奮鬥了。當他們成功後，自然就太過疲憊，或是沒有勇氣挑戰葛柏勒的做法。

葛柏勒相信傳統的訓練方法——在水上和划船機上大量訓練。許多選手雖然知道這種方式的缺點，卻也沒辦法說什麼。隊上並不存在替代訓練方式的討論空間，除了葛柏勒的方法，就是退出。畢竟，葛柏勒的隊伍在一九七二年到二〇一六年間的每一場奧運會，都能贏得一面金牌。

還在就讀博士時，麥迪便開始在英國體育學院和英國自由車協會工作，主要聚焦於衝刺賽的團隊。他用自己的知識挑戰當前的訓練教條，並且引入了自己的訓練方法。他的第一份教練工作，就是帕運雙人自由車衝刺賽。

麥迪在英國隊的選拔上採用了新的做法，訂定訓練計畫，並且指導選手達成了以前不曾有過的好成績。在麥迪的帶領下，男子和女子的雙人自由車搭檔都打破了世界紀錄。

接著，麥迪成了整合整個衝刺團隊的角色，設計並進行新的試驗，來評估衝刺選手極限力量生成的決定因素。他以這項研究為基礎，完成了他的博士論文。

二〇一七年一月，當我們與英國自由車學院團隊在全國錦標賽中對決時，麥迪就站在賽道中央。我們並不認識他，他也還沒聽過我們任何人的名字。雖然他是英國自行車的教練，但他後來告訴我們，我們的勝利讓他露出笑容，因為這讓向來由他們獲勝的無趣比賽變得刺激許多。他當時雖然很訝異一支橫空出世的業餘團隊能夠獲勝，但沒有想太多。

六個月後，麥迪看到我們在社群媒體的某則發文，宣布我們已經登錄為國際自由車聯盟的職業隊伍，並且決定在二〇一七－一八賽季參加世界盃。這引起了他的興趣。而他在二〇一七年九月，又再次有機會看到我們的表現。地點是格拉斯哥（Glasgow），當時他正擔任國家帕運衝刺團隊的教練。

在格拉斯哥，麥迪仔細觀察我們。他很驚訝**我們並沒有因為全國冠軍而沾沾自喜，反**

而繼續向上提升。公開宣稱自己將要在世界盃挑戰全球最頂尖的隊伍，這麼做很大膽魯莽，有些人甚至會批評為愚蠢。和英國自由車協會的謹慎低調相比，我們的操作截然不同。

我們通過格拉斯哥的資格賽，接著以四分零四秒的成績在決賽中獲勝。強尼按照計畫在第五圈後脫隊，讓我們三個人撐完剩下十二圈。麥迪看出我們在想什麼：強尼的無氧運動能力很高，而我們最有效率的發揮了他的優勢。

我們似乎很擅長空氣動力和工程，但他也正確的指出，我們在變化隊形時很不俐落。然而我們幾乎是獨立無援的運作，和大部分的隊伍不同，我們的後勤團隊規模極小。在起點甚至沒有人幫忙扶車，還必須拜託其他隊伍協助。

比賽後，麥迪來找我們聊聊。他和我們分享他建立場地賽職業車隊的野心，我們也談了自行車的騎乘姿勢和相關生理學。離別時，我們同意讓他來德比看我們訓練。

發展合作關係，不要問：「他能幫助我什麼？」

對麥迪來說，幾個星期後在德比的會面證實了他的推測。我們有些擅長的事（空氣動力、對比賽的創新思考），但也有些弱點（訓練、生理學、變換隊形的技術）。

訓練時，我們只是不斷重複相同的課表。麥迪坐在賽場中央，周圍有許多自由車手飛馳而過，他告訴我們如果想在國際賽上有競爭力，就必須達到一定的功率數值。我們都很震驚，麥迪看到我們的潛力。他在我們身上看到許多熱情、能量和學習的渴望。我們就像是尚待打磨的原石。

跟我們合作並不容易。我們追根究柢、獨立思考、過度自信、野心勃勃。我們的個性就和生理條件一樣南轅北轍。大多數時候，我們都相處得不錯，像任何二十多歲的運動員那樣談天說笑，但有時卻連對方的臉都不想看到。

我們也曾激烈爭吵，讓整間房子氣氛緊繃，特別是在重大的比賽之前。通常，我們其中之一必須到外頭走一走，或是騎一陣子車，才能冷靜下來。

這對麥迪來說很困難，因為他已經習慣和國家隊計畫的成員合作。那些運動員們習慣聽命行事，不會抗議。相對的，我們習慣什麼事都自己來。因此，**雖然我們很歡迎他提供的知識，但我們也會對一切提出質疑。**

對他來說，要一再解釋生理學上的計算，大概就像我解釋空氣動力公式那樣令人挫折吧。然而，麥迪在這些瘋狂行為中看出了我們的方法，了解到我們想要的是更民主的模式，讓成員們從知識中獲得實質幫助，並且覺得可以對任何事提出疑問，而他的角色則是為我們的知識背書。假如他沒辦法接受，或許早就尖叫著逃出德比的場館了。但相反的，他留下來，並且成為我們成功的重大助力。

麥迪融入了我們的隊伍。他每個星期來德比參加一次訓練，剩下的時間則持續靠電話或簡訊保持聯繫。我們的關係很有建設性，因為我們以同儕模式相處，沒有階級之分，沒有權力或政治鬥爭，也不涉及金錢。我們沒有錢聘請麥迪，因此對於這麼有能力的教練，願意來免費協助我們這些驕傲的邊緣人，我們真的感激涕零。

二〇一七年以後，我們更進一步發展了合作的模式。嘴上說說要自由分享知識很容易，但實際上，像麥迪那樣的專家終其一生都努力累積專業領域的知識，而這樣的知識當然有其價值。

和英國自由車協會與荷蘭公路賽聯盟（ＫＮＷＵ）合作時，麥迪用的都是傳統的薪資模式——對方付錢購買他的時間和專業。**由於我們沒錢付給他，於是建立了一套交換的系統**——麥迪讓我們了解生理學和訓練（以及其他許多事），而我們教他空氣動力與工程，也熱情的當白老鼠，讓他嘗試新的點子。

而後，我們漸漸理解自己需要協助，於是開始尋求其他領域的夥伴——食品供應商、輪胎製造商、車衣廠商、工程與材料廠商等等。我們總是抱持相同的心態：讓我們建立互利的關係，找到彼此協助的方式，並盡可能不牽扯到金錢。

這不是說我們完全不需要思考金錢，金錢永遠潛伏在人心深處，並帶來限制；然而，

關鍵在於找到正確的平衡，讓雙方都覺得自己能從中獲益。旅途一開始時，我們覺得自己只像一群投機分子，並沒有太多能給予不同領域專家的東西。但我們很快就發現，有許多公司都很樂意在專業自由車隊上測試新的點子或產品。而我們又聰明、投入，且同樣渴望參與研發和設計的過程。

尋找合作對象時，他們的態度和專業同樣重要。這些人的目標未必要和你的期望完全相同，但至少必須相輔相成。外來者應該帶來嶄新的觀點，而這有時很有挑戰性，但他們這麼做時也必須符合共同的目標。

當外來者進入比較大型的組織時，可能帶來有建設性的破壞，因為他們並不清楚既有的運作模式，也沒有既得利益。員工會考慮自己在公司的長遠發展，而顧問則會直接點出事實真相。

以等價交換想法和知識為基礎，建立起合作夥伴的關係，而不是金錢為主的交易。如此一來，才能產生更有合作性和創新的想法。這是我們的努力過程中最令人興奮的一環，而我很鼓勵每個人都這麼試試看。

16 菁英都是控制狂，任何細節都不放過

比利時的布魯塞爾（Brussel）、根特（Gent）和科特賴克（Kortrijk）大約構成一個三角形，而西邊的科特賴克最接近法國邊境。三角形的中央屬於西法蘭德斯省，而假如你經過該地，或許會覺得沒有什麼特色。那裡看起來有點像英國的南方，混雜了農田、富庶的村落、輕工業和一些小城鎮。離開主要道路後，你很快就會發現自己身處於小徑的迷宮，周圍是綿延的小山丘、森林和草原。

然而，對於自由車選手來說，這裡可說是聖域。這裡是崇高的環法蘭德斯賽（Tour of Flanders）的場地。環法蘭德斯賽在一九一三年由法蘭德斯的一間報社舉辦，是經典的一日公路賽，也是自由車運動的五大「紀念碑」之一——這幾場比賽的歷史和傳統都很悠久，與環法大賽同樣地位崇高。

環法蘭德斯賽是地區性的象徵，也是民族認同的勛章（長久以來，法蘭德斯人都將自

已視為一個民族，與比利時其他地區的瓦隆尼亞人（Wallons）不同）。

比賽在每年四月舉辦，成千上萬的觀眾會沿著蜿蜒小路為他們的英雄歡呼，暢飲當地的啤酒，並大吃薯條沾美乃滋。雖然也有貴賓帳篷，但氣氛最好的還是在路邊飄揚的法蘭德斯旗幟間，和狂熱的自行車迷以及有幸住在附近的居民一起歡慶。

對於自由車選手來說，環法蘭德斯賽是很獨特的挑戰。比賽的距離很長，超過兩百五十公里，而且有二十個「連續坡」（hellingen），也就是短距離的陡峭爬坡，會讓雙腿疼痛，但同時也是車手發動攻擊的跳板。

許多坡道都鋪有鵝卵石，因此很難維持規律的踩踏板節奏；而潮溼的鵝卵石會很滑，光是要保持平衡都很困難。比賽後半段的賽道大部分都是小徑，在田野中蜿蜒曲折，有時路面破碎崎嶇，覆蓋著拖拉機輪胎帶來的泥濘。即使是村莊或城鎮的道路，也充滿了自由車手嘲諷為「街頭家具」的障礙——布告欄、減速丘和突起的路緣，這些都能在一瞬間讓你摔落在地、鎖骨骨折。

由於上述的挑戰，再加上比賽的競爭激烈，因此站位就很重要。任何求勝心切的選手都應該盡量往前靠近。如果退得太後面，就可能被摔車意外給拖住，或是來不及對競爭對手發動的攻勢做出反應。每個人都知道這一點，也都努力搶位置，而這個過程本身就容易造成撞車。因此，整場比賽緊張刺激到了極點。

場地知識（local knowledge），是自由車選手彈藥庫中重要的武器。對道路瞭若指掌的選手將會占很大優勢，因為**他們知道要避開哪些崎嶇的路段，知道彎道的位置及如何用最短路徑通過彎道**，知道哪些路段會暴露在強風中，也知道在哪裡俐落的跳過路緣，就能一口氣超前二十名。

這些似乎都只是微不足道的影響，但正如我們前面看過的，積跬步則足以致千里。掌握場地細節的選手，能在這些時刻為自己省下一些焦慮和能量，而在超過六個小時的比賽裡，這些累積的影響不容小覷。相較之下，不熟悉路徑的選手常常因為受到驚嚇，而在快速移動的車陣中落後，必須加倍努力才能衝回前方。

環法自由車賽山路區段的勝負，也可能取決於場地知識。阿爾卑斯山各路段的坡度差異很大，有些區域毫無遮掩，也有許多髮夾彎。當選手瀕臨生理極限時，就算只是相對微小的改變也會造成很大影響。

因此，任何認真想在環法賽中追求好成績的選手，都會事先去熟悉比賽中較大的上坡路段。偵察任務是環法自由車賽重要的準備工作。下坡和上坡路段同樣重要，如果在快速向下的過程中犯錯，可能會讓職業生涯就此終結，甚至危及性命。

自由車公路賽的不平凡之處，在於場地的多元風貌。當然，這是為什麼有這麼多觀眾和選手都對公路賽狂熱痴迷的原因。選手們可能上個星期還在征服比利時的鵝卵石地，下個星期就挑戰法國的陡峭山坡，或是約克夏的蜿蜒道路。

大部分的運動場館都很單一。事實上，許多運動都嚴格規定了比賽的環境。根據國際足球總會（FIFA）的規定，國際性比賽的足球場地長度必須在一百公尺到一百一十公尺間，寬度則在六十四公尺到七十五公尺間。表面必須是草地（總會也列出可以接受的草皮類型），標線必須是連續的白線，而角落的旗竿必須高於一．五公尺，頂部不能是尖銳的。關於球門規格的規定也很明確詳盡。

正式比賽的網球場，在規格方面也有類似的規定，但允許不同的鋪面，例如草地、紅土地或合成材質。這些不同的表面會大幅影響比賽的進行，甚至有些選手會被譽為特定場地的專家。

即便場地的一致性很高，**菁英運動員仍然能敏銳感受到環境的細微特徵，他們能察覺業餘者感覺不到的差異**。而對於菁英運動員來說，他們對環境的體察不僅限於場地本身。即便某個場地的賽道和另外一處極為相似，選手也會想知道更衣室的模樣、暖身區的大小、廁所的位置、旅館通勤的距離、旅館是否有自行準備伙食的設備等等問題，一直到回到機場為止。

比賽雖然只是運動員表現的瞬間，但在那之前所累積的環境因素足以影響結果。若對環境有所了解，就可以加以準備，擬訂計畫。而依照計畫行事，就可以降低壓力。正如我們前面討論過的，皮質醇的濃度越低，表現就會越出色，也有越多的快樂瓦特能利用。

菁英運動員和支援團隊都是控制狂。在理想的情況下，他們會想控制身邊的一切。退而求其次，他們會希望控制對表現造成較大影響的因子。這就是為什麼天空車隊會開始帶著高品質的抗敏枕頭去比賽。他們了解對於為期數天的比賽來說，良好的睡眠品質至關重要，而旅館那些品質不一的枕頭則會造成風險。

二〇一七年夏天，在訓練和為了家事爭吵之間，我們花了些時間研究即將到來的世界盃系列比賽，第一場在波蘭，時間是十一月。雖然當時我們已經是英國冠軍，但要再提升到國際舞臺，在後勤和體能等層面上依然有許多挑戰。

掌握環境和周遭條件的第一步，就是了解足以影響表現的所有因子。其中一個做法，是將自己成功的那一刻具象化——比賽獲勝、通過考試、創業成功——接著再回過頭，檢視通往那一刻的路徑和過程。

寫下過程中的每個細節，能寫越多越好。重要的部分會很快自然而然浮現，但你也要注意其他的。過程中有什麼缺失漏洞嗎？或是含糊不清的地方？聚焦在這些問題上，停下來好好思考。

檢視你的知識，做一些研究，這些時間會花得很值得。在距離目標幾個月或幾個星期前比較模糊，看起來或許沒什麼，不過一旦你進入競爭的環境，壓力就會隨之出現，而且有時是不必要的過度壓力。

當你徹底了解要遵守的流程，就可以開始規畫如何順利進行。在菁英運動的領域，目標永遠是冷靜、專注並充分休息。我們KGF團隊計畫了每一刻的任務，並且清楚分工給每個成員。

早餐時，我們知道每個人需要吃什麼，誰負責買東西、誰負責準備，而抽到最短的籤的人就必須洗碗。因此，我們都不需要擔心早餐（自由車選手對食物很執著），每個人都可以得到自己需要的燃料。

假如在面對全國錦標賽時，我們沒有訂下計畫，那麼結果可能就是星期天早上四個年輕人餓著肚子起床，發現沒人去買食材，於是開車在曼徹斯特市郊亂繞，想找到有賣燕麥粥的地方。如果用這樣的方式來展開比賽日的早晨，那一定很糟！

在人生關鍵轉捩的那一年，隨著夏天轉為秋天，參加全球性比賽的前景越來越清晰。我們的世界盃挑戰即將在十一月展開，並且持續到一月——假如錢沒有先用光的話。是時候把理論轉化為結果了。

第6部

完美的計畫，就是隨時調整計畫

17 計畫不能死守，要視情況調整

二〇一七年十一月，波蘭普魯斯科夫（Pruszków），國際自由車聯盟世界盃第一輪

我們雖然努力了解世界盃的競爭環境，但現實還是讓我們迷茫又挫折。我們決定選擇國際自由車聯盟推薦的旅館，然而結果並不如預期。每天來回於場館和旅館的接駁車只有兩班，否則就要步行三公里之遠。沒有烹飪設備，也沒有儲藏食物的設備。

我們即興發揮，利用波蘭冬天的低溫，把容易腐壞的食物都放在窗臺上。旅館的人員在幾個小時內就看到我們的創意，並要求我們把東西收起來。當初在電子郵件往來時，對方保證旅館費用包含餐費，但旅館對於「食物」的概念，是夾了加工肉品和難吃起司的乾癟麵包，沒有水果或蔬菜。這當然不足以作為整天騎車的燃料。

我們又餓又挫折的前往比賽場館，希望能在餐廳找到比較有營養的食物。接駁車在早晨繁忙的交通中緩慢前進了好一陣子後，終於來到餐廳，然而選手的每一餐都要收費二十

歐元。我們當然付不起。於是艾莉向餐廳人員求情，解釋了我們的處境。他們答應讓我們共食，並且可以用保鮮盒外帶一些回去。如此一來，團隊的伙食費降低了七五%。

我們為波蘭做的準備則是按照計畫進行。夏天期間，我們參加了幾場公路賽和計時賽，讓體能維持在良好狀態，但不給自己太大的壓力。對我們來說，夏天不是賽季，而是透過距離較長的比賽來鍛鍊耐力的機會。

八月時，我們在德比的場館重新聚首，再次專注於鍛鍊速度、紀律和團體比賽的默契。一整年中，我們都在調整自己的設備，嘗試新的配件和工具，以及調整騎車姿勢。九月和十月則是統整這一切的時候了。

為期四個星期的艱苦鍛鍊後，我們進行減量訓練——意思就是在比賽前的一段期間內，運動員讓自己的身體休息，以便用嶄新的狀態上場。一到了波蘭的賽場上，我就感受到德比場館和健身房的操練所帶來的益處。

終於能站上世界盃的舞臺，看著四周國際自由車聯盟的旗幟，各個國家代表隊站在賽場中央，聽見播報員用波蘭文和生硬的英文測試系統，這一切都讓我感到興奮不已。

我們已經習慣了國內的賽事，光是比賽的「國際感」就讓我們充滿動力。長久以來，我都盼望能參與如此高等級的比賽，而如今，我們的團隊就身在此處，站在起跑線上。

我們在賽場中央走著，欣賞著周圍的一切。假如我們之中有人曾經覺得應該表現得酷一點，那可以說是完全失敗了。比賽之前有正式的訓練時間，每支隊伍都能到賽道上感受一下，讓腿適應，也讓自己習慣每個賽道的獨特之處。排在我們之前的隊伍都以很保守的速度前進，一大群一大群的繞行場地。這只是他們的慣例，沒什麼大不了的。

輪到我們時，大家有點興奮過頭了。我們對訓練時間的規畫，本來是用穩定的步調來習慣一下賽道，順便評估一下自己腿的狀態。相反的，我們衝得太快，幾乎是用個人最佳速度在騎。我覺得自己的狀態絕佳，就算速度這麼快，腿也幾乎不會痛。

我們太努力想讓其他人看見自己，意識到我們的存在。然而對手的確注意到了，法國隊和義大利隊的教練都不再關切自己隊上選手的練習，而是看著我們。**這些飆車的英國人到底是誰？**

在資格賽中我們排名第八，紀錄是四分一秒零六，打敗了美國和比利時等自行車強國，而且只比第一名的義大利隊慢了不到三秒。我們的成績很棒，足以進入下幾輪的比賽，而我知道我們還能更快，更快很多。

然而，在資格賽中，提波的速度已經到達極限，在最後兩圈時對我們喊著「慢一點」；因此，假如希望首次騎進四分鐘內，他就必須表現得更好。我們接下來的對手是瑞士，在資格賽的成績比我們快了一秒。我做過功課，瑞士不是最快的隊伍之一。假如我們表現得夠好，應該能夠打敗他們。

我們全速出發，速度太快了些。等到強尼結束領導的任務脫隊時，我們的步調是三分五十五秒，前所未有的速度。查理也完成帶頭，接著輪到我。當你的狀態很好時，就會希望帶頭，讓自己能發揮全部的力量。來到隊伍最前方的渴望越來越強烈，你會一心想要再快一點，讓全世界看見你的速度。當然，通常等你真的到最前方，並且失去其他隊友的牽引氣流效應後，你會發現自己沒辦法像預期的那麼快。

查理退到賽道高處，回到我後方的位置。我還是感覺不錯，集中精神想維持查理的速度，而且並不太費力。然而，提波遇到麻煩了。我聽到有人在後方喊著「等等！」，於是稍微放慢速度。

一圈過後，我聽到了團體追逐賽中沒有人想聽到的喊聲：「兩人！」我們只剩兩個人了——查理和我。提波掉隊了，跟不上我們的速度。這是場悲劇。比賽計算的是第三個人的速度，而提波現在一個人前進，所以我們正式的紀錄會其慢無比。

剩下的六圈都由我帶頭，查理和我以三分五十八秒打敗瑞士隊，但只有兩個人完賽一點意義也沒有。痛苦又漫長的許多秒後，槍聲終於在提波通過終點線後響起。

我很憤怒、難受、失望，無法相信剛剛發生的事。下了自行車並回到賽場中央後，我們都沉默的坐在椅子上。當我們終於說得出話時，都不是什麼好聽的話。提波的眼眶泛淚。

我們的表現令人難堪，簡直完美示範了團體追逐賽不該怎麼做，也證實了我們不過是業餘人士罷了。只要想到其他隊伍可能會嘲笑我們，我的內心就很難受。

整個情況都令人崩潰和挫折，因為我知道我們可以表現得更好，我們在資格賽的表現就證明了這一點。然而，如果沒辦法好好組織隊形，一起完成比賽，那一切都沒有意義。

二〇一七年十一月，英國曼徹斯特，國際自由車聯盟世界盃第二輪

從波蘭回英國的班機上，提波和查理的座位和我們分開，而我和強尼則坐在隔壁。這或許是最好的安排。提波的狀態仍然很差，而這也是可以理解的。他覺得自己讓隊伍失望了，假如他的狀態更好，我們就能打敗瑞士隊，進入決賽。

我們試著安慰他，不讓他道歉，但事實是，我們和他有著同樣的想法。我們三個人在波蘭狀況都很好，但另一個人不是，於是付出了慘痛的代價。

登機時，我開始想通了。確實，成員們都大受打擊，因為我們應該要打敗瑞士，同時也創下隊史最佳紀錄。或許甚至能達到三分五十五秒。這意味著我們並不糟，並且可以和其他頂尖隊伍並列，但我們有一個弱點。

世界盃第二場比賽在曼徹斯特，中間只隔了一個星期。我們的預算越來越少，所以曼徹斯特的比賽很可能會是團隊參加的最後一場國際賽事。我們必須從波蘭的經驗學習，否則同樣的狀況會重演，而其他隊伍肯定會嘲笑我們——**犯錯是一回事，但不從錯誤中學習**

就是另一回事了。而這次，我們將有主場優勢，在家人和朋友面前比賽。

在波蘭，我們大部分的對手都是國家隊，有著十到十二人的支援團隊，而他們的教練也都是一方翹楚。在國家隊的訓練計畫中，每四位參加選手出賽，就代表背後有四位沒被選中的選手。

雖然世界盃很重要，但這些隊伍的最終目標只有一個——奧運會。即便還有三年，奧運仍然是他們執著的目標。這一切都會造成一種情況：沒有人想要誠實面對問題。

假如任何國家隊出現了像我們在波蘭那樣的慘烈表現，他們都不會像我們一樣嚴苛且誠實的檢視自己。教練為了不受到責難，會輕描淡寫的掩飾，並安慰自己在奧運前還有充分的時間來修正錯誤。而選手們害怕失去代表隊的資格，同樣不會接受批評。因此，雖然會一臉嚴肅的發表聲明，國家代表隊卻不會像是沒有後路那樣，真的認真檢視自己的表現。

難受的坐在波蘭回英國的飛機上時，我和強尼都同意，不只需要解決提波這個問題，每個人也都必須逼迫自己再進步才行。因此，我們找來紙和筆，開始寫字。

在回程時，我們寫下了四十三項可以讓隊伍更快的做法，包含了最簡單的調整成較大的齒輪，以及許多準備過程的細節，例如增加提波的咖啡因攝取量、改變自行車隊形的安排，或是讓我和查理以兩人小組的方式進行比賽，提波可以一直跟在我們輪胎後方，完全不需要到最前面。我們甚至考慮讓提波在比賽前一晚住進豪華旅館，睡個好覺，以培養好心情。

重要的是，我們決定將保護提波作為比賽策略的核心。在四名選手的直線隊伍中，最後一名選手被稱為第四人，受到牽引氣流的效益也最多。假如提波是我們的弱點，我們就必須護送他到終點，這意味著不讓他承受風的阻力。

安排計畫不難，重點是能視情況調整

回到德比後，我們和麥迪討論了這個想法，而他提出了珍貴的見解。假如在我帶頭的部分結束後，可以回到隊伍的第三位，在提波前方，那麼一直到最後幾圈之前，提波都不會來到最前方。讓他在越後方待得越久，承受的氣動阻力就越低，整體的體力消耗也會減少。這也意味著在他完成領頭的半圈後，不需要再撐很長的距離，只要再兩圈就能結束比賽。

心理層面來看，這麼做的可行性比較高。這是個創新的做法，我們稱之為「麥迪法」，以致敬提出者麥迪。我們都不曾看過其他隊伍這麼嘗試。傳統的做法一向是最前方的選手會讓到賽道外側，並退到隊伍最後方。如果我要回到隊伍第三位，就代表提波必須在精準的時間點稍微向外側讓開，算是隊形的微調。

如果太早行動，提波就會暴露在風中，耗費更多體力；太晚的話，我就沒有空位可以插入，風險很高。如果退太後方，提波就必須耗費寶貴的體力拉近距離；如果退得不夠，輪胎就很可能會擦撞，讓我們都摔車。

在曼徹斯特的訓練時間，我們盡可能嘗試清單上的四十三個項目。這個星期在心理上很難受。我們的壓力沉重，一向輕鬆玩笑的團隊氣氛不再。不過沒有人說什麼負面的話，因為也沒有必要，我們都知道隊伍的狀況。

這是獨立自主、自給自足團隊的缺點。我們四個對於這個計畫都投入了許多，並且感受到這樣的投資就像一把利刃。假如我們在曼徹斯特像在波蘭那樣搞砸了，那麼大家就是浪費了生命中一整年的時光。

那兩個星期中，**我們需要的是外人的觀點，需要有人敲我們的頭**，告訴我們不要太擔心——不過是自由車比賽而已。雖然有麥迪和我們一起努力，但這只是他不支薪的副業罷了，沒辦法真的投入太多時間。有時候，職業教練或經理的冷靜抽離會有所助益。

這段時間在生理上也不好受。從波蘭回國後我感冒了，抵達曼徹斯特時，我更感到精疲力竭。第一次訓練就讓我體力透支。我也告訴其他人自己的感受，大家都同意專心練習「麥迪法」，並且用相對平緩的步調練習。整個星期中，我只進行了一次的全力練習。

在自行車的世界中，你待得越久，就會培養出越強的韌性。自由車運動很殘酷，你輸掉的比賽永遠比獲勝的多（就算是世界頂尖的選手也是如此）。你會摔車，會在不幸的時間點遇到技術問題，會因為寒冷潮溼的訓練天候而生病⋯⋯。

然而，你會堅持下去，因為你真心喜愛這項運動。提波一路的發展都不順利，他從未入選過培訓計畫，而他的進步都憑藉著自己的努力和動力。他學會將痛苦轉變為進步的催化劑。

雖然曼徹斯特的前一個星期很沉重，但我對於團隊面對波蘭失利的方式感到開心。我們發掘了問題的根源，並沒有逃避事實真相。**要找藉口逃避實在太簡單了，然而想從錯誤中學習，則必須做到一定程度的抽離**。

大家放下了自己的情緒，試圖理性清楚的思考。團隊所承受的時間壓力，意味著我們必須在波蘭比賽的二十四小時內結束這個過程。如此快速的反思，也代表記憶在我們腦中依然清晰。

清單上的四十三個項目像洪水那樣湧上，畢竟從波蘭到英國的航程並不長。而許多項目也不是新點子，只是賽後的情境，讓我們表達出之前不知為何無法順利說出的想法而已。

以下是逆向工程最濃縮的版本：團隊的目標是在曼徹斯特表現出色，而我們了解自己擁有的資源，並且在有限的時間內無法改變。假如想達成目標，我們就必須彌補不足之處。因此，我們必須從最近的經驗中盡可能得到教訓，並且加以運用來提升表現。

在曼徹斯特的資格賽前，我們同意運用新的戰術，讓我回到隊伍的第三位，給提波更多待在最後的時間。然而，當我讓到賽道外側時並向後看時，卻找不到插入的空位。提波還是緊跟著前方車手的後輪，可能是忘了我們的計畫，或是選擇忽視。我一邊咒罵，一邊調整，進入隊伍的最後方。計畫徹底失敗後，我們只能憑直覺進行。幸運的是，提波當天狀況比波蘭那時好，全程都能跟上隊伍。

任何比賽的真實情況都是如此。你能夠盡情擬定策略，但在激烈的競爭中，情勢瞬息萬變。**你必須依照情勢做出調整，而不是盲目固守失去意義的計畫**。

在團體追逐賽中，假如查理的狀況很好，可能就會在前方一馬當先，讓我們為了跟上而痛苦萬分。這代表輪到我們其他人帶頭時，就必須接受自己的速度會比較慢也比較費力，因為在加速追上查理時，就已經消耗了許多能量。

假如提波忘了計畫，沒有讓我插到他前方，那麼規畫好的順序就必須改變。比賽經驗充足的人可以依循直覺比賽，而整個團隊都如此時會帶來很大的成就感。先不論結果如何，曼徹斯特的資格賽中最令人振奮的，就是我們有能力在比賽進行中調整計畫。

我們以四分零秒四的成績通過資格賽，排名第五，下一輪的對手是比利時。站上起點線後，我們花了一點時間提醒提波，他必須讓我插到第三位。這次他聽進去了，計畫順利進行，過程相當完美，我們以三分五十八秒一三四的成績完賽，領先比利時一秒，並且取得了銅牌賽的資格，對手是歐洲冠軍法國隊。

銅牌賽之前，當播報出我們的名字時，觀眾的歡呼聲令我們振奮。當然，現場有許多人都知道我們的故事——不到一年前，我們在同一個場地出乎意料的稱霸了英國全國錦標賽。而看臺上都有朋友和家人為我們歡呼。

我第一次感覺到，這段故事或許不只屬於團隊中的四個人，許多自行車迷都在看著我們的表現。十個月之前，我們是既有秩序的破壞者；如今角色則稍有不同。我們的故事就是經典的逆轉故事，既得利益者想撲滅小蝦米的火焰，而觀眾則帶來助燃的氧氣。

或許是受到現場氣氛的影響，我們起步的速度很快，而比賽還剩兩圈時，保持著些微的領先。然而，另一端的法國隊可不想被四個年輕的挑戰者羞辱。他們傾注全力，保持速度；與此同時，我的體力則開始崩潰。

氣氛和刺激的逆轉故事永遠無法突破單純的生理極限。在最後一圈時，我幾乎要跟不上查理的後輪，而感受到的痛苦幾乎難以忍受。終點線實在太遙遠了。當我們終於通過時，時間已落後對手一秒鐘。

我雖然感到失望，但和在波蘭時完全不同。第四名已經很厲害了，從客觀的角度來看，我們在兩個星期中取得了長足的進步，證明了自己的潛力，也算是彌補了波蘭的失利。曼徹斯特的比賽後，其他隊伍對我們也多了幾分尊敬。他們似乎都滿喜歡我們這群瘋狂的英國業餘人士。很顯然，和代表隊的同胞相比，我們為比賽帶來了更多趣味和可看性……。

下一場比賽在一月舉行，地點是白俄羅斯的明斯克。從開始規畫世界盃起，我一直認為明斯克會是發揮全部潛能的最佳舞臺。有一部分理由是邏輯，另一部分則是直覺。

我知道要在國際賽的層級找到立足點，會需要一些時間。幻想自己能在波蘭初試啼聲就摧毀所有對手，未免也太不切實際。然而，到一月時，我認為團隊已經安頓好，也學到了一些教訓。白俄羅斯會是個重大的轉捩點，我們有了新的目標，我們將會成功、將會獲得勝利。

18 逆向工程沒有固定程序，只有原則

當天晚上，我們從曼徹斯特開車回德比。車上的氣氛安靜，每個人都沉浸在反思的氣氛中，不像以往那樣鬥嘴說笑。我們都很疲憊，但不全然是因為比賽，更多是源自過去兩個星期的心理壓力。

我很滿意事情的進展。當然，我們都希望表現得比第四名更好，但與銅牌的咫尺之隔，以及波蘭之後的大幅進步，都證實了團隊努力的方向沒有錯。

下一場世界盃在明斯克，計畫於一月中旬舉行，因此還有十個星期來重新評估和改進。我們在十二月安排了兩場比賽：我和查理參加葡萄牙的安納迪亞盃（Troféu Anadia）以取得世界盃個人追逐賽的積分，其他人則參加了國際自由車聯盟的賽道挑戰賽。

後者在瑞士格倫興（Grenchen）舉行，離國際自由車聯盟的總部很近，是地位崇高的比賽。我們想看看在這段時間內，能讓自己的時間進步多少。這也會是個在比賽中測試新

點子或裝備的好機會。

最初的比賽資金幾乎已經用罄，但受到曼徹斯特成功的鼓舞，我們都同意再自掏腰包一些錢。**當我們的學貸加起來將近十萬歐元時，每個人再拿出兩千歐元似乎也沒什麼大不了的了**。

從曼徹斯特回德比的三天後，我們到場館進行訓練；練習的重點是起跑。團體追逐賽中，四位選手會在起點線上一字排開。為了讓我們的腳固定在踏板上，會有四個幫手站在後方，扶著坐墊下方的橫桿來幫助車手穩定。

我們使用的踏板和滑雪板上的固定器相似，是塑膠的夾板，由金屬材質的彈簧與鞋帶卡住，將鞋子鎖在踏板上。車手如果想讓鞋子脫離踏板，就必須將腳踝向外扭轉。至少理論上是如此。

當比賽開始的哨聲響起時，四個選手都必須盡快達到全速前進。這代表一開始必須拚盡全力讓齒輪轉動，帶動自行車前進。從靜止開始轉動曲柄，搭配著設定時速六十五公里的齒輪，這樣的動作和重量訓練很類似，重點在於力量和技術。我們在曼徹斯特最初兩百公尺的時間紀錄雖然還算突出，但仍然比不上獲得金牌的德國隊，因此肯定還有許多改善的空間。

在某次起跑訓練，強尼的腳脫離了踏板。他稍微晃了一下，為了穩住身體，於是向踏板側邊施力，使得踏板鬆脫。他當時準備通過第二個彎道，正是需要發揮力量的時候。下個瞬間，他發現自己飛過自行車的龍頭，摔向地面。在這樣的時刻，一切似乎都是慢動作進行。強尼後來回憶，他可以看見賽道的黑線越來越近，而他心裡只想著：「噢，慘了。」強尼的左邊肩膀重重摔在地上，當世界終於不再旋轉時，他呆坐在賽道上。當下他立刻就知道結果如何。這是他第一次嚴重摔車，也是第一次摔斷鎖骨。

如果有機會和一群菁英自由車選手聊聊，你很快就會發現鎖骨骨折有多麼常見。橫跨肩胛骨上的傷疤幾乎就是榮譽的勳章。強尼坐在賽道上，抱著自己的手臂，看著車衣下穿刺出的骨頭。

「該死，我搞砸了」，這是他的第一個念頭。接著，他大聲叫出來讓賽場上每個人都聽見，或許賽場外的人也聽見了。接下來是：「把我移開，我坐在這裡其他人都沒辦法訓練了。」場館的職員將強尼扶到場邊，在等待醫療人員時給了他一些止痛藥。

到了醫院，在等待病房時，強尼還只穿著扯破了的車衣，他的情緒一湧而上。距離運動員生涯最重要的一場比賽，明斯克的世界盃，只剩下六十三天。比賽不允許只有三名選手出發，而我們也沒有別的選手可以補上。**除非他能順利回歸，否則我們的計畫就玩完了**。他不停的哭著，當醫生在替他治療時，他說自己是職業運動員，正在為了大英國協運動會（Commonwealth Games）訓練。這麼說其實也沒錯啦……。

皇家德比醫院的團隊很了不起。他們拯救了我們的團隊和整個賽季，用最快的速度治好了強尼。摔車意外發生在星期三，到了星期五下午，強尼的手術就已經完成，他已經開始恢復。他們其實可以更快，但強尼是職業運動員，所以他們訂了最好的骨釘和骨針。

我們一直相信強尼決不會被摔車意外打倒。他是個很有韌性的人。我之所以這麼肯定，是因為我知道他經歷過什麼，也知道我們非常需要他。他會盡全力讓自己在最短的時間內恢復。

由於他在賽場上總是聒噪且活力充沛，所以其他隊伍的人都覺得他是個愛開玩笑的人。然而，我知道雖然他將自己定位為開心果，但這只是用來隱藏內心感受的面具而已。事實上，他這麼做一開始是為了幫助隊伍。

查理和強尼是很親密的朋友，強尼知道查理在比賽前總是很緊張，而假如能在緊繃的時刻逗查理笑，就能化解壓力，讓他稍稍放鬆一些。因此，強尼會在賽場中央耍寶來讓查理開心，而讓其他人以為強尼一向是這樣的人。

強尼對比賽的態度看似相對輕鬆隨興，但長期與憂鬱症對抗的他其實絕非如此。在準備比賽這方面，他是我們四個人裡最認真嚴肅的。

從客觀的角度來檢視我們的情況，隨著聖誕節越來越近，團隊的成員都同意必須有最壞的打算。假如強尼的狀況不足以在十二月參加國際自由車聯盟賽道挑戰賽，就必須尋找替補。

顯而易見的人選會是哈利。哈利才剛代表一支即將深入歐洲大陸的英國車隊，結束表現出色的公路賽季，現在正待在約克夏的家中進行冬季訓練，或許也覺得有一點無聊。

我們察覺到哈利似乎有點嫉妒弟弟參與的刺激計畫。生理上來說，哈利的條件非常理想。他的運動能力和弟弟相近，習慣維持空氣動力的姿勢，也知道如何忍受短時間竭盡全力所帶來的痛苦。他在全國計時錦標賽中才剛奪下第二名，然而，他場地賽的經驗並不多，因此起跑的技術不佳。即便如此，我們都認為這個問題很容易解決。

替換成員後，還是同一個團隊嗎？

隨著國際自由車聯盟賽道挑戰賽逼近，強尼的恢復狀況良好，在訓練中幾乎已經回到最佳狀態。因此，我們以五人團隊的形式來到瑞士。哈利知道他只是我們的保險備案，以防強尼在暖身的階段出什麼問題。然而，強尼的練習過程順利，也證明自己能完成領頭五圈的任務。因此，在資格賽時，我們列隊的成員一如既往——我、強尼、提波和查理。

雖然我們每個人都專注於自己在比賽中的角色，但也同時清楚意識到強尼心理上的挑戰，**他必須克服再次摔車的恐懼**。通常，在比賽快開始時，他會很亢奮，因為想把握證明自己的機會，也因為他很享受比賽時場館內的氣氛。

但這次不同，他很害怕。他的肩膀被緊密包紮，隱隱作痛——這種痛感持續提醒他發生過什麼事。站上起點線的時刻幾乎讓人難以忍受，觀眾陷入沉默，數位時鐘在我們面前開始倒數。每個自由車選手在大型意外後都體驗過這樣的恐懼，而唯一對抗的方式就是回到車上，勇敢面對。

為了減輕肩膀的受力，強尼選擇以坐姿起跑。通常，他的屁股會離坐墊幾公分。倒數十秒。電子計時器的聲響，似乎永恆的烙印在自由車選手心中。五、四、三、二、一。踩踏板第一下、第二下，齒輪開始轉動，用力拉著龍頭把手，用力到你擔心會拉斷。深呼吸，或是用力噴氣，或是發出哼聲，端看你習慣哪一種。追逐賽的重點就是在最短的時間內加速到極限。

我們全力衝過第一個彎道，八個碟輪在賽道上轉動，發出熟悉的金屬撞擊聲……我們的起跑很俐落。強尼安全的被我們保護在隊伍中，跟在我的後方。在那之後，我們只要按照計畫比賽就行了。

隊伍中每個人的狀況似乎都不錯，而我們以第一名的成績通過資格賽，領先第二名足足五秒。我們在隔天的決賽即將面對 100% ME 隊，這是在一月的全國錦標賽後，第一次遇到他們。

我們選擇在 Airbnb 上預訂住宿，而不是國際自由車聯盟推薦的昂貴飯店，這是我們賽季中節省支出的方式。這有點像在買彩券，而我們在格倫興中了大獎。住處裝潢美麗，有一臺六十吋的電視和按摩浴缸。這是我們四個人夢想擁有的房子。唯一的缺點是，大床的數量不夠多。強尼最後睡在一張粉紅色、灰姑娘風格的雙層床。他說如果不試著把腳伸直的話，其實還算舒服。

當天晚上回家後，強尼把我拉到一旁，問我**對於在決賽中用哈利替代提波有什麼看法**。我可以看出他提議時內心很掙扎，因為提波是我們的朋友。但我欣賞他開口的勇氣，畢竟我們從曼徹斯特之後就有了這樣的想法——提波的生理條件並不像我們其他人那樣適合團體追逐賽。

提波很認真訓練，但他的能力有限，假如換成哈利的話，我們在戰術上就能有更多選擇。很明顯的，如果由哈利參賽，我們的速度會比提波參賽時更快。強尼和我去找哈利兩兄弟討論了這個想法，他們同意了。但從表情就能看出，這個情況讓他們很為難。「我來告訴他，」強尼說：「這是我的想法。」

內心深處，我對於強尼願意向提波開口偷偷感到慶幸。我厭惡衝突，而想到要面對提波就讓我恐懼。在這方面，強尼比我勇敢多了。我覺得很難過。提波打從計畫一開始就是團隊的一員。假如沒有他，我們不可能有現在的成績。除了比賽之外，我也認為他是我的朋友。我希望用邏輯和科學的態度面對這個決定，但還是覺得，我們似乎背叛了他。

晚餐時間，強尼提起這個話題。氣氛並不是很好，但我們試著討論這個決定的所有面向——優點和缺點、提波會從中得到什麼、哈利會從中得到什麼、對團隊有什麼好處。

表面上看來，我們的對話很理性，卻有著深層的情緒翻湧。提波幾乎沒說什麼，只是仔細聽著我們努力提出的論點。當他意識到自己不會參加決賽時，內心太過震驚失望，完全無法反應。我為他難過。他跟我們一起努力了這麼久，在波蘭經歷了巨大的失意後，這對他來說必定是個沉重的打擊。

這帶出了一個有趣的哲學問題：**我們隊伍的本質到底是什麼？**（不過我是許久之後才有這樣的想法）我們的隊伍是一開始的四個人嗎？或是更廣泛寬鬆的概念，包含有替換選手的空間？

二〇一七年聖誕節前，在瑞士那間房子裡，我們所做出的決定將形塑彼此的未來。我們決定，隊伍不只有我們四個人而已，有時團隊的利益必須放在個人利益之前。而雖然並未明言說出，但我們也提出了自己的野心：我們想要贏，想贏的念頭在一切之上。

當然，我們的做法和其他隊伍選拔選手是一樣的。不同之處在於，我們一開始只是四個無名小卒，幾乎沒有外界的幫助。我們透過逆向工程，用既有的資源讓團隊達到最佳的速度。

如今出現了新的機會，可以拓展我們的資源。哈利加入隊伍的契機是在摔車意外後代替強尼，但峰迴路轉後，他卻成了提波的替補。團隊的資源更多了，我們用新的資源來評估自身的需求，並且選擇最可能獲勝的團隊組合。**逆向工程沒有固定的程序，重點在遵循基本的原則，同時發揮彈性，適應變化的情勢。**

隨著決賽逼近，五個人之間瀰漫著一股奇異而緊繃的氣氛。每個人都按照習慣的步驟準備，但彼此間幾乎沒有溝通。提波也在現場，盡可能的幫助團隊。從他的表情，我很確定他不知該如何自處，只希望一切快點結束。

對我們四個在決賽中面對 100% ME 的人來說，關於提波的決定讓整場比賽多了一些情緒張力。我們想證明自己的決定是對的，而這樣的想法讓我們的求勝心更加強烈。100% ME 並不知道他們面對的是什麼。我們在三公里之後就追上並超越了他們。

回到英國後，大家各自返鄉過聖誕假期。這趟瑞士之旅比我們想像的更有壓力，而我很感恩能離開團隊緊密的小圈圈一段時間。

對於賽季中的自由車選手來說，聖誕節是放縱的時刻，但也只有聖誕節當天。在假期剩餘時間，我仍然維持每天的訓練，試著每天好好睡覺，並控制自己不要吃太多碎肉派。

當我們在新年回到德比時，距離明斯克之旅只剩下兩個星期。

自由車隊不會有太多資產，但會有許多自行車，這是理所當然的。不過當每一輛職業自行車的價值都超過一萬歐元時，車庫裡的總價值可能就會高得很驚人。小偷當然也會注意到這一點。我們知道四個穿著車衣的年輕人一起住在一棟小房子裡，在這個街區大概頗引人注目。很快的，我們發現德比的罪犯們大概也注意到了。

出發前往明斯克的兩天前，我們從體育館返家後發現了意外的慘狀。才剛結束最後一次的賽道訓練，我們把賽道自行車放在後車廂裡開回家，準備明天再打包。

我們開兩輛車，強尼和查理在前方，我和提波在後面。回到家時，查理不知為何把車停在對面。假如他開上門口的車道，或許就會觸發門外的自動照明燈，嚇跑小偷，或至少讓我們看清楚發生了什麼……。

提波是我們四個最後進屋的，他在黑暗中看見一個人影爬過我們後院的圍籬，將一輛自行車拉進黑暗中。其中一個小偷從車庫裡搬出自行車、車架和輪胎，交給另一個夥伴，由他丟過圍牆到鄰家的花園裡。花園後方就是公共公園，很顯然是他們逃跑的路徑。提波大喊：「快追！我們遭小偷了！」

我已經在屋子裡，只穿著襪子，轉身盲目穿過門口的空地，跑向公園。但那兩個小偷速度太快了。他們扔下手中的車架，用老手般熟練的敏捷度翻過圍牆，似乎相當專業。

或許他們也想成立自己的國際自由車隊伍，並運用逆向工程來解決沒有車的問題，於是決定偷我們的。無論他們是誰，都偷走了一些相當昂貴的公路自行車。但幸運的是，我們把場地賽的車放在車子裡，所以明斯克之行不會受到影響。

19 那匹黑馬，早就知道自己會獲勝

二〇一八年一月，白俄羅斯明斯克，國際自由車聯盟世界盃第五輪

到達白雪覆蓋的明斯克時，我有十足的信心團隊已經盡力準備，有爭取勝利的機會。從格倫輿的比賽開始，我們持續改進空氣動力策略、訓練內容和比賽服裝等。

然而，最棒的或許是我們現在有五位狀況良好的選手。在格倫輿受到的打擊讓提波採取行動，他更認真訓練，飲食和休息方面也更用心，僅僅三個星期我們就看到他的進步。然而，對於將他排除在先發選手之外這件事，他仍有所怨懟，這得再過很長一段時間才會化解。

我們再次冒險選擇了國際自由車聯盟推薦的飯店，主要原因是白俄羅斯的 Airbnb 選擇都很糟，又很昂貴。飯店到處都是綠色的：綠色地毯、綠色牆壁、綠色床單、綠色衛浴。真的很怪異。唯一不是綠色的只有晚餐的盤子。

飯店的食物也不太好吃，我們只好到附近的超市買冷凍蔬菜，保存在戶外的雪中（當地氣溫攝氏負十四度，所以不用冰箱或冷凍庫）。接著，我們會用咖啡壺裝熱水來烹煮，這都要感謝哈利的創意。

往來場館的二十分鐘步行也是場折磨。整個週末的天氣都晴朗而寒冷。我們和其他搭乘接駁車的人不同，選擇步行到場館。接駁車的時間表讓選手可以在訓練時間前三十分鐘抵達，假如你有一整個支援團隊先在場館幫你準備好車子和器材，那麼這個時間安排其實不錯。我們沒有支援團隊，所以只能摸摸鼻子用走的。那時我也發現**走路是很好的談話時間。**

在場館的第一天，大家專注的焦點不是團隊而是查理，因為他要參加個人追逐賽。查理是很有天分的選手，但在我們隊伍成立之前，他最大的挑戰是缺乏自信心。

因為不明原因被英國自由車協會剔除，在他心中造成了很大的陰影。當你只是個十六歲男孩時，當然不會質疑國家代表隊教練的決定。退出培訓計畫，似乎正宣告了他身為自由車選手的前途堪憂。

然而，在一月的全國錦標賽上，雖然準備得並不充分，但他的個人追逐賽成績是優異的四分二十二秒。當他搬到德比，加入我們，專心練習場地賽，購入新的自行車並調整騎乘姿勢後，他的個人最佳紀錄就降低到四分十四秒，但我們知道他的能力不只如此。

資格賽時，他說自己狀況不好，雙腿感覺很沉重。然而，他的成績是歷來比賽最佳的四分十五秒，即將在決賽對戰葡萄牙選手伊沃・奧利維拉（Ivo Oliveira）。

當天稍後坐著等待決賽時，資格賽時腿部的感覺令查理很擔心。他開始自我質疑、喪失信心。我們之中最了解他的人開始謹慎的和他談話，激發他這一年來建立起的自信心。騎車站在起點線上時，查理告訴自己，只要放鬆享受就好了。

查理或許會自我懷疑，但我們卻非常相信他。他和奧利維拉的程度完全不同。從第一圈開始，他就保持領先，而結果也毫無懸念。他的速度太快，到一半時我甚至覺得他可以倒追對方。不過他並沒有，而且追逐賽選手的目標也不是倒追對方一圈。獲勝比較重要，較快的時間紀錄則是其次。

查理贏了，而他的完賽時間震撼了整個自行車賽道界。四分十二秒是場館的新紀錄，只比澳洲選手傑克・鮑伯里奇（Jack Bobridge）在二〇一一年創下的世界紀錄慢了一點七秒。這也是英國選手第二快的紀錄，比威金斯贏得奧運金牌的紀錄更快了三秒，只輸給博德曼的紀錄。博德曼採取的是現在不允許的「超人」姿勢，雙手向前伸展超過自行車頭。

這可以算是查理的「成年禮」，他當時才二十一歲，還有很多時間可以提升速度。我們可以感受到英國自由車協會教練們的眼睛都為之一亮。我一路協助查理到這一步，當我看著他奔向勝利時，內心充斥著一股全新的情緒。

看著他展現潛力，成為優秀的選手，我喜悅不已，而這樣的喜悅也伴隨著我對自己扮演的角色感到驕傲。我領悟到，**這樣的自豪專屬於見證選手成功的教練。**

這樣的自豪和我參與團體追逐賽的感覺不同，更為單純，因為我不需要分析自己在場上的表現；此外，也參雜了父愛般的情感——雖然我只比查理大五歲。最重要的是，雖然我在其中無利可圖，但能幫助其他人達成目標的感覺很好。

團體追逐賽的過程與世界盃相同：資格賽、複賽和決賽。在資格賽中，我們決定讓提波休息。強尼、查理、哈利和我創下三分五十七秒二零二的紀錄。在複賽階段，我們讓提波替補查理。我認為這是善加利用資源。這代表提波可以真正全力以赴，因為他不需要為了決賽有所保留，而查理則可以在我們順利進入決賽時完好如新。

當然，這對提波來說並不好受。當我們在旅館討論計畫時，他雖然看似平靜的接受了，但我們知道他內心必定情緒翻騰。他將憤怒轉化為力量，繳出亮眼的成績單。他希望能向自己證明，他還能對團隊有所貢獻，因此當他領頭時，在五十七秒內完成四圈，這是很了不起的數據，比起世界紀錄僅差之毫釐。這樣的表現確保了我們對瑞士的勝利，幾乎要追上他們，寫下了三分五十七秒一二八的紀錄。對提波來說，那是喜悅的一刻，因為在波蘭那場孤單的追逐賽中，他正是被瑞士追上，一切因此跌落谷底。

然而，提波的喜悅並沒有持續太久。在賽場中央時，他沒辦法跟我們任何人說話。當意識到自己沒辦法參加我們十拿九穩的決賽，他轉身走開，眼中含淚。為了這一刻他努力了一整年，而如今他卻沒辦法參加決賽，沒辦法站上頒獎臺，也沒辦法拿到獎牌。

時間到了傍晚。外頭一片漆黑，還下著雪，但場館內的燈光炫目刺眼，頭頂的擴音器播放著震耳欲聾的音樂，而觀眾座無虛席，大家都期盼著週末這場大賽的最終舞臺。我們在決賽中面對的將是俄羅斯的 Lokosphinx 隊。Lokosphinx 隊雖然註冊為商業車隊，但實質上等於俄羅斯的國家隊。

我們前幾天被偷的自行車之一，是我在場地賽前通常會用來暖身的計時賽自行車。於是，我借用了提波的計時賽自行車。但這並不理想，因為自行車的設定都是根據個別選手的需求來調整。然而，湊合著也還行，而我很感激自己還有這個選項。

站上起跑線，在自行車上就位時，我出乎意料的冷靜。在心理層面，我進入了心流狀態，完全專注於自己在接下來四分鐘的任務，而絲毫不在乎其他事物。我身邊的是強尼，然後外側的是查理和……哈利？

哈利在哪裡？

哈利曾經答應北約克夏的家人，會為他們直播決賽畫面。我在起點線上，而根據規定，一旦領隊的選手騎上車後，六十秒的倒數就開始了。時間一分一秒流逝，五十秒、四十五秒……哈利到底去哪了？

我們瘋狂的四處張望。他的車衣在最後一刻出問題了嗎？假如他錯過了起跑時間，我們就會自動失去資格，輸掉比賽。

四十秒……我看見他在通往賽道的坡道底部，正試著向兩個興味盎然的中華隊選手說明如何用自己的手機錄影，並發布到臉書上。我大喊著要他快一點。他用自行車鞋所能允許的最快速度衝上坡道，看起來有點不好意思，跳上車後把車鞋固定在踏板上。這時還剩下二十秒。雖然一切都毫無必要，但這完全就是哈利會做的事。

我們出發得很漂亮，卻沒有達到應有的速度。當我退開讓強尼跟上時，俄羅斯領先了零點二秒。接著是我們的祕密武器：強尼獨一無二的角色和他理想的生理條件都是我們隊伍的根基。他的判斷很精準，不會讓我們陷入困境，還能加快速度，在五圈結束後，讓我們取得足夠的領先。

強尼退到外側後，讓我們三個人繼續努力完成比賽。接下來壓力就來了——維持速度、保持隊形。除了前方的輪胎之外，其他的一切都糊成一片。腦中的思想混亂，必須**靠著直覺比賽，相信自己累積了無數小時的練習**。其中也有一些不順利的時刻——變換隊形時的小失誤，我的輪胎幾乎碰到前方的輪胎。到了最後一公里時，我痛苦難耐，只能拚命擠出最後一絲力量來跟上查理兄弟倆的速度。

最後一圈時，我看了艾莉一眼。她俯身在終點線後方，拿著一臺 iPad，顯示著我們和對手的時間差。我們領先了一．五秒，假如沒有出什麼問題，應該就能順利獲勝。轉過最後一個彎道，利用賽道坡度轉平的作用力，我們三個打散隊形，在賽道上散開，衝刺完最後的幾公尺。

完成計畫，剩下的就是抵達終點

結束的槍聲響起，我們以三分五十六秒完成比賽，領先俄羅斯超過兩秒。這也是場地賽的新紀錄。此外，這個成績足以讓我們在二〇一三年的世界錦標賽中獲勝，該比賽也在明斯克舉辦。

我欣喜若狂。我們成功了，我們贏了一座世界盃。一年之前，我們只不過是一群來自德比的無名小卒，在全國錦標賽中以黑馬之姿勝出。如今，我們是成功的國際場地賽團隊。

我們一邊坐在固定於滾輪的自行車上，慢慢踩著踏板，假裝認真進行緩和收操的同時，也一邊興奮的談論著比賽。艾莉在強尼的頭上戴了一頂牛仔帽。我們把一瓶西班牙氣泡酒（在大多數比賽中最接近香檳的選擇）傳來傳去，手機也開始不斷收到恭喜的訊息。

幾分鐘之後，國際自由車聯盟的工作人員試著將大家帶往頒獎臺。一路上我們繼續聊天，喝著氣泡酒，和其他隊伍的成員握手。與此同時，哈利從中華隊的手中救回手機，用臉書記錄下一切。

進入決賽後，我就知道獲勝機率很高。雖然經歷了強尼受傷、哈利替代提波的情緒起伏，但那一天在白俄羅斯，一切都非常順利。**我很確信自己會獲勝**，而且會創下很快的時間紀錄。

因此，當我們跨過終點線時，我並沒有興奮的揮拳歡呼；我感受到的是更深層的滿足和放鬆。**這樣的感受不是贖罪也不是復仇，而是看見計畫圓滿的滿足。**在我的樂觀和信心之下，其實總是潛伏著懷疑。我並沒有向太多人坦承過，只有真正親近的人知道，而我的情緒管理能力也很強。然而，自我懷疑一直都深藏在心中，驅使我更加努力，更認真思考，連其他人不曾想過的面向也會去嘗試。這樣的懷疑都讓勝利更加甜美。

當所有該做的事都完成後，我們就沒什麼事了，於是開始打包裝備，穿上厚重的冬衣和羊毛帽，迎向戶外刺骨的寒風和低溫。穿過明斯克黑暗寒冷的街道，回到旅館的最後一段路很特別。我們分享著成就感。如今回顧起來，那一刻或許就是我人生的轉捩點。在那之後，一切似乎都是可能的。

贏得金牌有些意料之外的好處。比賽的隔天，強尼從旅館出發走向比賽的場館，去打包還留在賽道中央的自行車和其他裝備。他經過一條寬廣的多線車道，看起來應該要交通繁忙，實際上卻沒什麼車。他看看左邊再看看右邊，發現沒有車接近，於是過了馬路。

接著，一輛沒有標誌的警車突然出現，在他身旁緊急剎車。兩個警察跳下車，抓住他，將他壓制在地。他們把他拉起來，押到車子的後座，同時用白俄羅斯語不斷對他大吼（這可不是強尼擅長的語言）。警車開走時，強尼被包夾在兩位警察中間。他說，他的第一個想法是：我得打給艾莉。第二個想法則是：她又能做什麼？

白俄羅斯監獄的畫面在強尼心中浮現，但猛然間，他突發奇想，伸手到包包中，拿出了自己的金牌說道：「我是個自由車選手，我剛剛拿到這個。」這改變了一切，警察們切換成英文，並且放鬆了下來。當他們回到警局時，強尼填了一些表格，就放他離開了。

第7部

完成逆向工程之後……

20 管理就是創造「能犯錯」的空間

逆向工程是一種思考方法。和所有的流程一樣，逆向工程會有終點。你會達到目標，也會在過程中學到很多。那接下來呢？假如你已經全心全意投入計畫中，那麼或許你就是目標完成後，依然充滿雄心壯志的那類人。總是會有值得追逐的新目標。

假如你選擇挑戰全新的事物，進入和你第一次運用逆向工程時完全不同的領域，也不必擔心，**你只要從頭再進行一次逆向工程就好**。雖然新的計畫或許讓人心生懼怕，但可以放心的是，這套流程是有用的，而你已經有了相關的經驗。

幾年之前，媒體曾討論幫助英國自由車協會和天空車隊在二〇〇八年取得成功的幕後功臣布雷斯福，是否有能力管理英國足球隊。這當然並未成真，一部分原因是布雷斯福太喜歡自由車運動了，另一部分則是因為足球當局的人固守於傳統的思考模式。

然而，這個提議很有意思。布雷斯福能夠在沒有足球經驗的情況下，運用逆向工程，扭轉英國足球的命運嗎？我覺得答案是肯定的。任何經驗都可以學習。只要有足夠的時間，布雷斯福就能像在英國自由車協會和天空車隊一樣，應用逆向工程理論，改善英國足球界。問題不在於逆向工程是否會有用，而是他是否有足夠的體力扛起如此艱鉅的重責大任。

從二〇一七至二〇一八年冬天重大的場地賽季後，我開始有機會和其他自由車隊合作。當然，逆向工程是我運用的策略。而假如我有機會投入其他運動項目，這也會是我使用的模式。**訂定目標，加以拆解，分析資源，開發工具，推動計畫，最後表現出成果**。在任何領域都適用。

假如你選擇待在同樣的團隊、同樣的競爭環境呢？第一次達成目標後，下一步又該做什麼？

我們會從逆向工程轉為追求不斷的提升和改善。這基本上就是ＫＧＦ車隊在明斯克勝利後的幾個月，甚至幾年間不斷進化的方式。焦點並不是在表現上取得飛躍式的突破，而是**追求持續的微小進步**，讓我們保持在自由車運動的巔峰。

在商業界，持續改善的概念管理是最初的方式之一，由作家今井正明所提出。在著作《改善》（*Kaizen*）中，他闡述日本的企業如何在二十世紀下半葉蓬勃發展。**「改善」的概念結合了「改」，也就是「改變」，和代表「求好」的「善」**。這本書飽受好評，而「改善」一詞也被收錄於西方管理學研究的詞彙中。「改善」以團隊合作、紀律、組織、標準化，以及最重要的「創造品管圈」為基礎。這些其實和本書所討論的科學方法很相似——企業發現問題，員工被賦予提出建議、假說和解決方式的權力，企業會採取行動來測試假說，並從中學習，加以記錄。

如今，所有的大型企業都知道，持續改善必須是他們營運策略的一部分。或許難免因為自滿而經歷停滯期，但在競爭中的失利會讓領導者清醒過來。在成功的公司中，持續改善是日常生活的一部分。

近年來，組織心理學家和領導人也開始理解心理安全感的概念。這個名詞由哈佛商學院教授艾美．艾德蒙森（Amy Edmondson）所推廣，她在一九九九年發表了一篇以此為主題的重要論文，影響深遠。

近年來，谷歌也進行了相關的深入研究，為期兩年，探討為何有些團隊的表現會特別突出。**谷歌發現，在表現良好的團隊中，成員都感受到心理上的安全感**。這意味著他們相信，不會因為犯錯而受到處罰。**企業如果能給員工犯錯的空間，就能創造出冒險和創新的環境**。

艾德蒙森研究了數間醫院中，臨床結果率與對失敗的態度之間的關聯。她發現，當醫院願意承認失敗時，在病患治療的成功率方面表現就會較佳；相對的，如果醫院不願意談論失敗，只想加以掩飾，成功率則特別低。

艾德蒙森將像谷歌這類，創造出心理安全感的企業稱為「無所畏懼的組織」（fearless organization，這也是她著作《心理安全感的力量》的書名）。無所畏懼指的並不是勇敢，而是字面上的「沒有畏懼」，也就是組織文化中並不包含畏懼。

我們身處於知識經濟中，無論是自由車競賽或軟體開發皆是如此。當人們來上班時，應該感到自己有能力貢獻想法和回饋，而不需要擔心受到輕視或懲罰。無論你的團隊踏上怎樣的旅途，都可以合理假設一定會有什麼地方出錯。重要的是接受錯誤，並繼續前進。

21 只要有目標，任何領域都能逆向回推

在明斯克實現夢想後，我的目標從為自己應用逆向工程尋找解決方式，轉為協助他人。我仍會參加比賽，同時也珍惜幫助其他人達成目標的新挑戰。

二〇一八年一月，頂尖的女子公路車隊 CANYON//SRAM Racing 隊與我聯繫。他們的經理羅尼．路克（Ronny Lauke）告訴我，他很擔心隊伍最近在團體計時賽的表現。

他的隊伍在二〇一五年，於美國里奇蒙（Richmond）獲得世界錦標賽團體計時賽冠軍。隔年，他們退居第二名；而二〇一七年在挪威的比賽中，他們只勉強獲得第四名。隊伍的表現不斷下滑，令人擔憂，因此路克希望有人幫助他改善。路克聽說過我們 KGF 隊的做法，認為其中許多原則都可能對他們有所幫助。

他是對的。團體計時賽基本上就是在公路上進行的團體追逐賽，但一隊有六個選手，總長則大約四十公里。世界錦標賽在二〇一二年才開始，而且總是有電視直播，也有六件

彩虹冠軍球衣讓選手爭取。因此，這項賽事對於車隊來說相當重要。其中也有自尊心的因素在——團隊經理不斷看著自己的隊伍落後於對手，想必是很痛苦的體驗。路克希望能在二〇一八年的奧地利世界錦標賽中強勢回歸。

當我們第一次談話時，我正準備飛往明斯克，因此沒有餘裕給這個任務太多關注。路克和我持續討論，而我同意在春末時和他的隊伍好好合作一段時間。然而，路克問我是否能設法在三月時，到德國的一些場館協助空氣動力的測試。我看了看自己的日程表。在荷蘭的世界錦標場地賽和葡萄牙的訓練之間，有大約五天的空檔。或許可行，可以試試。

我從荷蘭飛回伯明翰機場，回家打包一些乾淨的衣服，在九個小時後又回到機場。我飛到德國，花了整整三天和路克的車隊待在法蘭克福的場館，接著飛回家，重新打包，然後前往葡萄牙。這並不是大部分菁英運動員應該過的生活，我應該要有更充分的休息。

這是我第一次必須在發展自己的選手生涯，以及追求成效工程師的職涯之間做出抉擇。我體內身為運動員的部分想要休息，但身為工程師的部分則明白這是個大好機會，同時也會是很有趣的挑戰。

我和 CANYON//SRAM Racing 團隊做的第一件事，就是花了一些時間在德國的機場討論，嘗試不同策略、練習比賽的隊形。公路車隊的選手一年或許只會騎三到四次的團體計時賽，不過花一些時間在計時賽自行車上，為所有選手建立持久的自信心，也是相當重要的一環。

團隊的器材贊助商很樂意支持，只要開口就會提供新的工具，但他們對我們所討論的科學知識感到震懾。有時候，要和新的器材商合作並不容易。某次有位業務嚴正拒絕了我的要求，卻在我解釋完背後的數學原理後發現我是對的，而顯得有些尷尬。

路克對我的幫助很大，總是支持我的決定，並且替我向合作夥伴解釋我為了團體計時賽所做的準備。我說了算。如此程度的支持和信賴讓我感到不可思議。我可以完全掌握這場比賽，因此同時感到壓力和成就，而我好好把握了這次機會。

有時候必須刻意安排「批評會議」

九月時，我們在比賽前一個星期前往奧地利的茵斯布魯克（Innsbruck）。每天，團隊都會騎上計時賽自行車，到比賽的場地練習一圈，有時甚至好幾圈。在前幾次練習時，我和路克一起搭車隊的汽車，但很快就發現**這樣無法讓我真正了解選手的騎車狀況**。

我換成自己的自行車，和她們一起騎，跟在隊伍的最後方或是車隊旁，仔細觀察她們的狀況，用我車上安裝的 GoPro 相機記錄一切，團隊的每個選手也都會用 GoPro 記錄。

從那個位置，我可以看見每個微小的錯誤。這和我在 KGF 車隊的哲學一樣，只要稍微**深入團隊，就能看見需要改善的地方**。我們記錄並分析每一步。當晚，我們在車隊的旅館舉行半小時的會議，討論當天所做的事。

有時氣氛會有點緊繃，有些成員不願意敞開心胸，有些則不喜歡有建設性的批評。為了突破令人尷尬的沉默，我建議大家輪流說出當天一件正面和負面的事。**我鼓勵選手們坦誠，假如必要時，也必須指出隊友所犯的錯誤**。畢竟，我們都同意，共同的目標就是提升速度，而大家都夠成熟，可以正面接受批評了。

再一次的，我只是依循自己和提波、強尼與查理的合作方式而已。當我們住在一起時，這類的團隊會議都是自然而然的發生；和 CANYON//SRAM Racing 團隊合作時，雖然必須刻意安排，但效果是一樣的。

比賽當天的天氣陰涼，前一夜下了點雨，但路面大致保持乾燥。我們決定讓路克和我坐車隨隊。他會扮演往常的角色，使用對講機，而我則告訴他應該傳遞的訊息。

路線一開始稍微下坡，速度非常快，接著則是寬敞平緩的道路，穿過覆蓋著雪山陰影的山谷。總長度五十三公里，算是相對長距離的計時賽，而我知道我們在步調安排上必須很小心。如果一開始衝太快，就可能讓後方的選手掉隊。

英國的 Wiggle High5 車隊正是犯了這樣的錯誤。他們在二十二公里的第一個關卡時速度最快。與此同時，CANYON//SRAM Racing 隊則讓我感到驕傲。我可以看出所有的準備和練習都有了成果。

雖然路程很長，但主要都是下坡，因此隊員們可以用超過五十公里的時速前進。他們的秩序嚴謹，變換隊形的過程流暢，和訓練有素的追逐賽團隊相同。我們的策略是前二十公里謹慎進行，接著在後半部上緊發條；一切按照計畫進行，但 Wiggle High5 隊的速度出乎意料。因為他們車隊的成員都知道，隊伍在賽季後就即將解散，假如能在世界錦標賽中取得好成績，或許就能換得明年的新合約。

第一個關卡在二十二點八公里處，Wiggle High5 隊的時間是二十五分三十四秒，換算的平均時速約為五十三公里。我們的隊伍在不久之後抵達，時間是二十五分四十四秒，慢了十秒鐘。並不算太慘，但也不理想。

還有三支隊伍要通過關卡，包含上一屆的冠軍，實力堅強的德國 Sunweb 車隊（帝斯曼車隊〔Team DSM〕的前身，後者於二〇二一年創立）。路克在車上表情沉重，抱著一組輪胎坐在後方的技師和我發表了一些稍微正面的含糊評論。車上的氣氛很緊繃。理智上，我們都知道在三十公里內追回十秒的差距並不困難——假如一切都沒出錯的話。

接著，Wiggle High5 車隊開始出狀況了。首先是凱蒂・阿奇博爾德（Katie Archibald）落後了——她是英國自由車協會場地賽的明星選手之一。接著，瑞典的艾蜜利・法赫琳（Emilia Fahlin）也跟著脫隊。

隊伍的完賽時間是以第四位通過終點的選手來計算，因此 Wiggle High5 隊的人知道，她們不能再損失任何人。剩下的四名選手中，安尼特．埃德蒙森（Annette Edmondson）也漸漸跟不上，因此其他三個人必須放慢速度來保護她。

當公路於阿爾卑斯山草地上蜿蜒時，在岩壁的陰影和陡峭的林間坡道上，太陽慢慢從雲朵後探出頭。我們仍然按照計畫進行，而令人振奮的是，似乎沒有任何選手過早顯露出疲憊的跡象。在團隊的座車中，我們聽著比賽的廣播，難以理解的雜訊間不時傳來有用的資訊。在我們前方，車隊的碟輪發出有節奏的打擊聲響。

在沿著鐵路的一段公路上，我們看見比自己早三分鐘出發的隊伍。在計時賽中，有個可以追逐的目標總是很有幫助，能夠加快速度，並帶來追上對手的動力。我可以感受到車隊稍微加快了步調。在平緩的下坡路段，選手們向左邊移動，並且超越了前方的隊伍。相較之下，對手看起來陣形混亂，悶悶不樂。與此同時，恰好有一列五彩繽紛的火車與我們擦身而過。

當 Wiggle High5 車隊進入茵斯布魯克外環時，她們開始採用「麥迪法」，而安尼特扮演的是提波的角色——在前方留下縫隙，讓結束帶頭任務的選手可以插入。這幫助她們保持隊形直到茵斯布魯克市中心的終點線，留下一小時兩分四十三秒的成績，在比賽當下是最快的。

當我們接近終點時，很明顯會打破 Wiggle High5 隊所創下的成績。還剩下三公里時，我們領先了將近一分鐘。賽道沿著因河（River Inn）轉彎，通向終點。我們六個選手都還在一起。距離終點只剩下兩公里，在一小段上坡時，隊上的艾蓮娜·艾米亞留錫克（Alena Amialiusik）落後了。

在還剩五名選手又快到終點的情況下，她其實可以放鬆讓其他人遠去，但她還是拚盡全力，用僅剩的能量加速，在剩下五百公尺時追上了前方選手的後輪。這就是團隊精神，艾蓮娜努力追趕，和隊友們一起通過終點線。

CANYON//SRAM Racing 隊的六位選手一起完賽，以一小時一分四十七秒的成績通過終點線，平均時速不到五十三公里。當她們躺在柏油路面，試著從力竭的狀態中恢復時，我和路克則在隊伍座車中緊張的看著剩下的三支車隊（車上有一臺小電視）。

最後一支隊伍的時間超過了我們，但還有兩百公尺要騎，路克和我像瘋子一樣在座位上跳上跳下，用力捶打車頂，用德文和英文混雜著歡呼。我欣喜若狂，在那一刻釋放了累積的能量。直到那時，我才知道這件事對我的意義多麼重大。幾天以來不斷累積著壓力，如今所有的腎上腺素都傾洩而出。

在頒獎典禮的後臺，當隊伍為上臺做準備時，路克說我應該和她們一起出去接受群眾的掌聲。每支隊伍可以有一名代表跟隨上臺，而路克希望由我登場，這是為了感謝我的貢獻。隊員們興奮的聊天，重溫著比賽的時刻，而我只是跟在後方。

大部分的茵斯布魯克居民和自行車媒體，大概都不知道我這個高大的英國人是誰，為什麼站在接下金牌的選手們後方。贏得世界錦標賽和ＫＧＦ隊獲勝時帶來的成就感如出一轍，都是我人生中最驕傲喜悅的經驗。我幾乎記得比賽的每一瞬間，誰負責在哪一段路帶頭，以及沿路的每個關卡，一切都深深烙印在我的記憶中。

從茵斯布魯克回家的路上，我的腦海中充滿了對未來的想法。路克很關注ＫＧＦ隊的成就，謙虛的承認自己需要幫助，也願意為此支付金錢。他重視我為他的團隊帶來的一切，而他的團隊規模並不大，可以做出許多調整。

女子公路車隊的預算雖然比ＫＧＦ隊高，但整體來說還是相當拮据，沒有管理體系、管理階層或行政工作。只是一支小型的團隊，但獲勝心強烈，也有足夠的彈性做出任何調整。

就像ＫＧＦ隊一樣，CANYON//SRAM Racing 隊的選手和教練願意嘗試新的想法、從基層做出決策，並且很快建立起正回饋循環，成功達成他們的目標。路克對逆向工程做足了功課。他知道得到世錦賽冠軍需要怎樣的表現，也知道自己的選手有足夠的實力。他也很清楚，自己缺乏的是專業的知識，而這正是我加入的原因。

逆向工程在尚未建立起高標準的新興領域也能應用。在不同競爭情境中，**你只要能估計達到成果所需要的表現就足夠了。**

線上自行車比賽，散熱、水分補給是關鍵

二〇二〇年，新冠病毒危機初期，我再次和路克及 CANYON//SRAM Racing 車隊合作。這次的情況對每個人來說都很陌生。自由車比賽在封城期間停辦，很快的，比賽轉移到線上進行。

虛擬的競賽通常在 Zwift 平臺上進行，其實已經行之有年，但大多都是用來為「真實」的比賽進行備賽和訓練。很少人把這個平臺當一回事，特別是專業人士，通常都只有負面批評而已。**突然之間，每個需要定期比賽的自由車選手都開始檢查自己網路連線的強度了。**

比賽的設置相對簡單：首先將自行車安裝在固定的訓練車架上。這種機械稱為「渦輪訓練臺」（turbo trainer），有堅固的金屬支架來預防不必要的晃動。自行車的前輪在地面，後輪則在飛輪上，可以提供阻力，並且讓訓練臺測量選手輸出的力量和虛擬速度。

接著，選手將訓練臺透過藍芽連接到比賽的平臺，並登入特定的賽事。如果在前方放置螢幕，就可以看見自己在虛擬的賽道上（通常是模擬有名的賽事），與來自世界各地的競爭者比賽。

面對無法在真實道路舉辦比賽的情況，較為先進的主辦單位就將比賽轉移到線上，並

邀請相同的職業選手。我在 CANYON//SRAM Racing 車隊所扮演的角色，就是幫助他們為虛擬的賽事做準備。

專業車隊從未涉足這個領域，因此並沒有既定的做法。想當然耳，我的做法就是用逆向工程來面對。**我們大概知道贏得比賽所需要的力量輸出，因此可以從這個具體的目標來逆向回推。**而當我們拆解這個比賽時，則可以預測新型的比賽可能帶來的挑戰和機會。

重要的是，我們必須提醒選手這和真正在公路上比賽不同，因此有著不同的挑戰和機會。舉例來說，定點騎車時，並沒有風能幫助選手降溫。即便把訓練臺移到花園裡，你還是留在原地，因此身體很快就會熱起來，而流汗則會帶走大量水分。這會影響到選手的表現，甚至造成脫水。

於是，我們採用了事先降溫的策略，例如冰涼的飲料、在選手周圍放置許多電風扇，以及使用薄荷醇凝膠。我也和團隊的營養學家討論，計算選手在比賽時應該補充多少水分，在水中又該加入哪些電解質補充品。我們都認為應該教導選手這些知識，讓隊員們理解我們為何如此建議。

器材的選擇也至關緊要。Zwift 平臺的設計概念，是盡可能重現公路自行車賽的生理和技術挑戰。我們使用的是直驅式渦輪訓練臺，運作時移除了自行車的後輪。

當選手踩踏板時，力量會直接傳入機器，因此記錄的準確度很高。系統校正是根據每位選手的重量、空氣動力和滾動阻力。而我們也開發了一套方法，在比賽前測量所有器材選擇。由於以前從未有人對 Zwift 平臺進行這種程度的準備工作，因此過程中充滿未知。我們只是不斷測試，看看會發生什麼事。

接下來是戰術。雖然平臺的目標是在戰術層面也複製真實的公路比賽，但還是有一些問題。**選手在參與比賽前，必須先了解這些問題；假如他們在比賽中才親身體驗，就會承受許多不必要的心理壓力。**我們也安排一位支援團隊的成員專門觀看 Zoom 的直播畫面，記錄車隊和其他對手的疲勞狀態，讓我可以依此調整比賽策略。使用 Zwift 和 Zoom 給了團隊經理更多實用的資訊。

但總是會有一些掌控之外的事。在二〇二〇年的 Zwift 賽季，我們的一位選手只差十公里就即將贏得一項重大賽事，但她的網路突然斷線。當她終於重新連上線時，已經遠遠落後於其他選手。她在車隊的 WhatsApp 聊天室中輸入了許多憤怒的表情符號。

從運動員轉職為教練的過程通常並不容易。成功的運動員不一定能成為成功的教練。前英國橄欖球選手強尼·偉基臣（Jonny Wilkinson）也曾分享過他自己從明星球員轉為實習教練的歷程。

偉基臣了解到自己選手時期的輝煌紀錄和明星身分，都不代表自己有權力告訴其他選手該如何訓練或比賽。相反的，他用謙遜和智慧來面對教練工作，花費許多時間傾聽並教育自己。

隨著科學在運動中扮演的角色日益重要，教練的工作在近年也大幅改變。以前的教練會是所有知識的泉源（通常並不完美），與運動員或團隊一起努力；如今，教練扮演的卻是比較偏向行政的角色。菁英運動員如今受益於生理學家、心理師、營養師、數據分析師等專家的幫助，**教練則負責統整這些建議和分析，並幫助運動員學習和理解。**

最重要的是，教練必須善於溝通。偉基臣學習溝通技巧的方式，是花許多時間觀察英國隊的教練在國際賽之前如何準備，並且在自己以前所屬的土倫橄欖球俱樂部（Rugby Club Toulonnais）指導年輕選手。

他明白，如果想協助運動員達成最佳表現，就必須了解他們的心理和情緒。教練面對的壓力和選手不同。選手的壓力來自比賽表現，教練的壓力則是必須看著選手表現，但是從比賽一開始就無法影響結果。

當我開始與 CANYON/SRAM Racing 車隊合作時，我還不是教練，而是帶來特定專業知識的專家。然而，在世界錦標賽與路克和團隊合作的經驗，以及後來的 Zwift 計畫，都讓我稍稍了解了教練的世界。這讓我明白，在領導團隊方面我還有許多需要學習的。

科學、工程和遵循特定的流程都是我們追求成功的基石，但**假如忽視了人性，一切都沒有意義。**成功的團隊會彼此溝通和傾聽，了解並支持對方。這需要的是每個人的成熟、同理心、誠實和付出。結果或許是贏得金牌，但更深刻的滿足感則是來自團隊的同心合作。

22 沉迷於當前表現，是最危險的陷阱

自行車是傳統悠久的運動，而傳統也有許多值得欣賞的部分。自行車重視歷史，許多人認為這項運動其實與五十年或一百年前差異不大（但這只是錯覺）。

除了競賽外，自行車也是休閒娛樂。任何比賽的選手都會享受單純騎車的樂趣——和朋友們自由自在進入鄉間，或是獨自沉浸在思緒中。職業自由車選手在工作的龐大壓力下，有時會忘記自己對自行車的初衷。

他們會失去動力，把訓練當成不得不為的例行公事，光是看到自行車就疲憊萬分。在這樣的情況下，他們的表現當然會退步。而解答則是找到方法，重新尋回對自行車的愛。給他們一點享受的時間，不出多久，他們在社群網站的發文就會是充滿真心的喜悅，而不只是想討贊助人歡心而已。

騎自行車的喜悅其實和科技發展並不互斥，並非二選一的選擇題。事實上，自由車運

動一直隨著科技發展而進步。在二十世紀大部分的時間，這都顯現在追求更輕的車身上。最近數十年來，焦點則擴大為設計更符合空氣力學的車，透過科技更了解生理學、訓練和營養。一小時紀錄就是個好例子。隨著歷史演進，一小時內可以完成的距離在菁英運動員的努力下不斷推進。近五十年來，則反映了科技上的創新，從莫澤開始，一直到博德曼在一九九六年所創下的紀錄，促使自行車官方單位更改了規則。

科技也同時解釋了其他運動項目的進步。在田徑領域，當班尼斯特打破四分鐘一英里的紀錄時，他是在煤渣路面跑步。生物力學研究顯示，和現今的人工材質跑道相比，煤渣路面會吸收更多的能量。換句話說，班尼斯特和許多同期的運動員如果能在更良好的場地跑步，或許就能更快打破這個紀錄了。

即便在看起來並未涉及太多技術的游泳領域，科技創新仍然扮演著一定的角色。游泳池的排水道，雖然聽起來不是令人興奮的高科技，但可以減少水中的亂流。當排水道問世後，世界紀錄也發生了重大突破。

科技創新是運動不可分割的部分，卻鮮少受到重視和掌聲。當隊伍或個人達到不凡的成就時，受到歡呼通常會是運動員的表現。假如科技真的被看見了，也只會是後話而已。

有部分原因是，這些新興科技通常被視為機密，可能是隊伍不希望失去比賽優勢，或單純是媒體無法理解細節（有些教練或許還維持著過時的思考方式，而許多電視評論家更是如此）。但還有部分的原因是，體育界對科技仍然抱有反感。

最願意接受新科技的是希望追求進步的運動員，以及提供設備支持的品牌。思想前衛的運動員會希望和前端的品牌合作，而這些品牌會不斷突破極限，帶給運動員更多幫助。

當然，他們這麼做的目的絕不只是無私的利他精神。他們的動機源自在市場推出新產品，以獲得更高的利潤。菁英運動員是測試開發中產品的白老鼠，而比白老鼠更棒的是，**積極的運動員可以和品牌間建立起正向回饋循環。**

除了品牌和運動員的搭配之外，其他人對創新科技的反應就比較模糊不清了。體育媒體想要的是故事，而人們在故事中追求的都是人性的元素。表面上來說，和幕後複雜的理論知識相比，對於運動成就的描述相對比較簡單也比較人性。

我們對於體育故事的概念，很大程度受到《洛基》（*Rocky*）等電影的影響，其中居於劣勢的主角，憑藉純粹的韌性和毅力戰勝冷酷無情的對手；或是《癲瘋總動員》（*Cool Runnings*），其中一群勇敢的牙買加跑步選手，轉型為冬奧的雪橇運動員。

我們都喜歡逆轉的故事，但在追尋戲劇性的過程中，科技創新的部分往往會遭到忽視。面對事實吧，假如洛基的訓練過程是長時間坐在電腦前分析步法，肯定不會像在費城的街道上跑步那樣激勵人心。

我們對體育的態度依然深受奧運名言「Citius, Altius, Fortius」（更快、更高、更強壯）

所影響，注意到了嗎？其中並沒有「更聰明」的位子。

當美國跳高選手迪克・福斯貝里（Dick Fosbury），在一九六八年墨西哥奧運採用了新的跳高技術時，整個世界都為之瘋狂。來自奧勒岡州的福斯貝里發明新技術的原因，是因為他身高太高，無法有效的使用當時其他常見的跳高方式。

「福斯貝里翻身」（Fosbury Flop，臺灣譯為「背向式跳高」）將他的主要優勢——身高發揮到最大。這項新技術的出現，可以說是田徑史上重大的里程碑。福斯貝里從十六歲開始，花了五年的時間開發新技術。他是優秀的運動員，在數學和物理也都表現優異，理解了對跳高運動來說很重要的物理法則，特別是重力。他嚴謹的測試了不同的想法，讓自己的技術不斷進化，不斷達到更高的高度。科技在其中就扮演了重要的角色。

在福斯貝里認真投入跳高運動之前，跳高比賽的落地處通常是沙坑或木屑坑。如果背部著地，很可能會受到嚴重的傷害，因此選手採取的方式通常是雙腳著地。這對於發明新方法造成了很大的侷限。

然而，在一九六〇年代初期，美國各地的大學開始設置海綿軟墊。這項簡單的科技不只意味著福斯貝里可以使用背部著地的技術，也代表他可以每天反覆練習精進，不需要擔心受傷。

在二十一世紀，體育運動的科技比海綿軟墊要複雜多了。主管單位在決定科技發展和作弊之間的界限時，往往猶豫不決。他們的反應速度也很緩慢。這在自行車界也屢見不鮮。

假如一間公司推出了新的配備，或選手開發了新的騎乘姿勢，似乎都讓國際自由車協會措手不及。他們會召開內部會議，過了一段時間後，才會宣布是否允許這些創新。判斷的過程並不透明，也沒有任何諮詢或商討。

在游泳界，科技與作弊的界線在二〇〇八年北京奧運後變得混亂。速比濤（Speedo）為了奧運開發了鯊魚裝（LZR Racer swimsuit）。這件多功能泳衣的技術相當先進，Speedo後來甚至和太空總署合作。

鯊魚裝對選手來說有三大好處：血液流向肌肉的過程更加順暢、更符合流體力學（可以想成水中的空氣動力），以及透過捕捉空氣來提高浮力。在北京奧運和其後的比賽中，穿著鯊魚裝的選手打破了許多項世界紀錄。最後，游泳的主管單位決定禁止。

當皇家荷蘭足球協會（Royal Netherlands Football Association）首先於二〇一二年開發出影像輔助裁判（VAR）時，國際足球總會不願意將這項技術引入國際足球賽事，特別是他們的旗艦賽事——世界盃。

影像輔助裁判系統的目的，是提供影像證據來降低裁判的人為疏失，並創造裁判與回顧影片的專家小組間的雙向溝通管道。類似的系統在橄欖球比賽已經行之有年，但這樣的想法在足球界仍引發爭議，許多保守分子認為會摧毀比賽的精神。

皇家荷蘭足球協會在當地的友誼賽中測試了這套系統，接著請求國際足球總會更改規則，讓其他國家也進行測試。在接下來四年間，美國、西班牙、德國和義大利的頂尖足球俱樂部都開始引入影像輔助裁判系統。排解故障的問題，技術更加成熟後，系統終於在二〇一八年引進世界盃，並且得到正面回饋。

這個例子顯示了創新的科技如何在主管單位思考規畫後融入運動中，其中也經過許多測試和共識的商議。成功的原因也包括這項技術並不獨厚任何一支隊伍。

然而，即便這個概念完全合理也符合邏輯，卻也面臨著國際足球總會高層人士的情緒反應。即便足球界有越來越多人贊成用科技來避免誤判，但在一九九八年至二〇一五年間擔任國際足球總會會長的塞普．布拉特（Sepp Blatter）仍然堅決反對。

布拉特宣稱足球需要保持人性的一面，即便是對裁判判決的爭執，都是足球比賽值得維護的傳統。當布拉特於二〇一五年因為貪腐疑雲遭到足球總會停職後，問題才得到解決。他的繼任者思想更進步，而影像輔助裁判正式引入世界盃。

隨著亞馬遜和谷歌等大型科技公司創立，創新成了當紅的潮流。然而，創新一詞在不同公司所代表的意義也不同，不是所有公司都需要相同的創新，會根據其立足的市場而調整。連鎖書店的創新肯定和手機製造商的完全不同。最終，還是要回歸消費者的需求。

諾基亞失敗的原因：用過去的表現假設未來

創新失敗可能會帶來公司的衰退。在一九九〇年代初期，博德斯（Borders）是美國的零售書店龍頭，擁有超過五百間大型書店和一萬九千五百名員工。當亞馬遜在一九九〇年代末期加入競爭時，博德斯毫無反應。

當亞馬遜成為市場上強力的競爭者時，博德斯決定將線上的部分外包給亞馬遜。這乍看之下似乎是個聰明的決定，用亞馬遜的營運來輕鬆販售和運送，但長遠看來，卻傷害了自己的品牌，並且將客源讓給了主要競爭者。

當亞馬遜持續成長，如巴諾書店（Barnes & Noble）等其他競爭者紛紛開始投資線上平臺，博德斯卻還是像鴕鳥一樣把頭埋在沙地裡。他們的投資全部集中在大型的實體商店，收益卻越來越低。

在競爭對手早已轉移到數位產品後，他們仍然持續販賣CD和DVD。二〇一一年，博德斯進入清算狀態。前總裁麥克・愛德華斯（Mike Edwards）日後表示：「我覺得當時應該要正面面對數位的影響，而不是持續否定。**我們沒辦法依賴過去的策略來改變公司的發展軌跡，因為那些已經不再有用。**」

博德斯的領導階層沒有勇氣擁抱創新，但創新已經在產業中造成長期的結構性影響，而公司因此付出代價。手機巨擘諾基亞（Nokia）同樣也沒能看出產業中越來越重要的創新變化，但文化上的原因和博德斯不同。

諾基亞是第一代的手機製造商之一，在二〇〇七年時公司獲益有一半以上來自手機銷售。這間芬蘭的公司在一八六五年以造紙廠起家，接著多角化經營了橡膠和鋪設電纜，而後在一九七〇年代轉向電子及電信。諾基亞的第一支手機原型於一九八〇年代初期問世，並在研究和發展部門投入大量資金。

然而，當蘋果和三星（Samsung）開始生產智慧型手機時，諾基亞就遇到問題了。諾基亞的企業文化由硬體工程師主宰，他們知道如何生產很棒的電子產品，但產品中的軟體卻不是他們關注的焦點。

蘋果和三星對軟體和硬體同樣重視。蘋果甚至發展出軟、硬體完全整合的文化，產品都是由多重領域的團隊所設計。諾基亞誤以為智慧型手機並不值得投資，因為只能吸引到市場的小眾。

他們也認為自己的品牌夠強，產品的硬體夠堅固，消費者的忠誠度不會降低。這是另一個重大錯誤——現代消費者很容易見異思遷。到了二〇一〇年，諾基亞已經落後於蘋果和三星。當他們試著開發智慧型手機產品時，這個「創新」已經太遲了。二〇一三年，當諾基亞把手機的部門賣給微軟（Microsoft）時，產品在全球的市占率僅剩三％。

諾基亞的故事最諷刺的部分，或許是他們在二〇一七年更新並重新推出了經典的 3310 手機。在市場上眾多昂貴且複雜的智慧型手機間，3310 成了只想用手機打電話和傳簡訊的人的選擇。3310 的主要行銷賣點是電池超強的續航力，以及厚實按鍵的操作手感。新的 3310 手機在年長族群間大受歡迎，因為他們不願意，或沒辦法理解智慧型手機。這證實了**創新不只可以向前，也可以回頭。**

回到逆向工程的部分，諾基亞示範了假如不設定遠大的目標，會發生什麼事。他們沒能了解自身產業的未來，因此開發都侷限於改善既有概念。於是，**他們不去了解自己的競爭對手，而是把假說都奠基於自身過去的表現上。**

在商業的世界，創新失敗的例子可能有許多深層的根本原因。這些原因通常和道德界線比較無關（但體育界的主管單位很在意），而是源自於害怕或無法承受改變的企業文化。

科技發展的腳步不會停止。體育的創新不應該受到阻擋，因為創新正是體育的本質之一；事實上，創新是人類生命的本質。假如團體追逐賽的隊伍因為工程師降低了阻力而贏得世界冠軍，那麼這項成就應該受到歡呼。

擴增實境（AR）等互動科技的發展走向，也代表觀眾很快就能更看見，也更了解運動競賽中的科學。近年來體育界的創新大多屬於某些觀眾看不見的系統：足球鞋中的電子晶片讓分析師可以追蹤選手在球場上的路徑，虛擬實境（VR）的模擬訓練讓球隊有機會和對手練習比賽；基因檢測能挑選有天分的年輕選手，而穿戴式科技則可以符合每項運動的特殊需求。這些創新不只幫助運動員表現更好，也幫助我們更了解生理學和生物力學。

F1賽車作為體育競賽，賣點之一就是融合了人類的努力（賽車手）與工程設計（賽車）。我們也可以說這是有形世界與知識智慧的融合。我很希望自行車和其他項目也都採用這樣的形式，而不是竭力躲在傳統或超人運動員的迷思背後。

如果能對創新抱持更開放的態度，其中一項益處就是新的想法會漸漸傳遞給正在努力的運動員。在自由車界，任何年輕的選手對於空氣動力（和其他影響比賽的因素）的理解，都會遠勝於三十年前環法自由車賽的冠軍。和賽車不同，創新的自行車配件，任何人都可以用相對平易近人的價格購買。

即便是未參加過大賽的俱樂部自由車選手，也能從空氣動力方面的改善中獲益。以時速十五英里前進時，用來破風的能量會超過用來對抗車輪與柏油路間滾動摩擦力的能量。這就是為什麼自行車製造商在行銷公路車時都會標榜空氣力學。他們知道俱樂部的自由車選手喜歡模仿職業選手，但也能真的從中獲益。下一步則會是Garmin等主流的自行車電腦公司，開始將空氣動力指標（例如CdA）加入蒐集的數據類別。

對於星期天早上悠閒騎車的人來說，了解自己的CdA似乎意義不大；但假如是來到比賽最後的上坡，發現自己剩下的能量比別人還多時，這個訊息似乎就很重要了。

創新是逆向工程的核心。當我們拆解某項事物時，創新可以幫助我們理解。**當我們訂定通往成功的計畫時，創新會給我們更多選擇**。培養自己內心的創新態度。無論你的目標是什麼，總會有一條嶄新的道路可以抵達。

致謝

我發現，寫一本書和參加自由車比賽一樣，必須仰賴團隊的努力。我想感謝我的編輯歐利・荷登利亞（Oli Holden-Rea）、經紀人詹姆斯・史巴克曼（James Spackman）和保羅・孟德（Paul Maunder），讓我打消在書中放滿試算表的念頭。我的「每張試算表都代表一個故事」論點沒能說服任何人。

假如這些年，沒有許多優秀朋友的友誼、建議和支持，我就不可能有如今的成就。首先是我的隊友：雅各・提波、強尼・威爾、查理・坦菲爾德、哈利・坦菲爾德、約翰・阿奇伯德（John Archibald）、艾希頓・藍比（Ashton Lambie）、威爾・普拉特（Will Perrett）、凱爾・歌登（Kyle Gordon）、伊森・威農（Ethan Vernon）、席・威爾森（Si Wilson）和喬治・皮斯格（George Peasgood）。也感謝我的公路車隊經理傑克・李斯（Jack Rees）和湯姆・提摩西（Tom Timothy）總是支持我瘋狂的點子和要求。

非常感謝那些支持過我們的夥伴，族繁不及備載。但我要特別謝謝狄恩・傑克森（Dean

Jackson）的強力支持和幫助。謝謝麥迪・科帝、史帝夫・福克納（Steve Faulkner）、路易斯・高夫（Lewis Gough）和柯特・貝爾金・泰勒（Kurt Bergin-Taylor）對於我們追逐遠大夢想的盲目信心和支持。謝謝馬克・阿克斯（Mark Akers）和李奇・史帝斯（Rich Steels）讓我們的自行車剛好符合標準。謝謝貝姬・戴維斯（Becky Davies）支持我們世界各地的每一場比賽。謝謝亞當・偉德（Adam Wade）和李奇・尼德漢（Rich Needham）盡心盡力達成我們的請託。謝謝艾莉・格林無論面對什麼挑戰，總是鼎力相助、正面積極。

謝謝所有與我合作過的隊伍：CANYON//SRAM Racing、Jumbo Visma 和丹麥自行車聯盟（Danish Cycle Union）。謝謝國際自由車聯盟，總是給我們機會創新突破你們無數的規定修正。

有許多認真的作家、攝影師、錄影團隊幫助我完成我們的故事：不曾缺席的賴瑞・希克摩（Larry Hickmott）、詹姆斯・波爾（James Poole）、歐利・赫頓（Oli Hutton）、詹姆斯・杭特利（James Huntly）、肯薩・巴爾頓・史奇利（Kenza Barton-Schlee）、蓋瑞・曼恩（Gary Main）、韋恩・皮特（Vern Pitt）、威廉・福瑟林翰（William Fotheringham）、奧利佛・布利奇伍德（Oliver Bridgewood）以及許許多多人。謝謝你們讓我長篇大論、暢所欲言，或許還說了許多不該說的。

最後，我想感謝我的母親、父親和兄弟們，總是義不容辭的支持我瘋狂的計畫。也感謝我的伴侶喬絲（Joss），總是會餵飽我，提醒我喝水，並且帶我去散步。妳對我來說意義非凡。我會推薦任何寫書的人都找一個喬絲・洛登（Joss Lowden）來支持自己。

Think 237

從終點起跑

想成功，專業不足、天分不如？這裡有彎道超車的捷徑。
逆向工程思考法，我以業餘打敗專業。

作　　者／丹尼爾・比格（Daniel Bigham）
譯　　者／謝　慈
責任編輯／張祐唐
校對編輯／宋方儀
美術編輯／林彥君
副總編輯／顏惠君
總 編 輯／吳依瑋
發 行 人／徐仲秋
會計助理／李秀娟
會　　計／許鳳雪
版權經理／郝麗珍
行銷企劃／徐千晴
業務助理／李秀蕙
業務專員／馬絜盈、留婉茹
業務經理／林裕安
總 經 理／陳絜吾

國家圖書館出版品預行編目（CIP）資料

從終點起跑：想成功，專業不足、天分不如？這裡有彎道超車的捷徑。逆向工程思考法，我以業餘打敗專業。／丹尼爾・比格（Daniel Bigham）著；謝慈譯 .-- 初版 .-- 臺北市：大是文化有限公司，2022.09
256 面；17 x 23 公分
ISBN 978-626-7123-46-1（平裝）

1. CST：成功法

177.2　　111006822

出 版 者／大是文化有限公司
臺北市 100 衡陽路 7 號 8 樓
編輯部電話：（02）2375-7911
購書相關資訊請洽：（02）2375-7911 分機122
24小時讀者服務傳真：（02）2375-6999
讀者服務E-mail：haom@ms28.hinet.net
郵政劃撥帳號：19983366　戶名：大是文化有限公司

法律顧問／永然聯合法律事務所
香港發行／豐達出版發行有限公司 Rich Publishing & Distribution Ltd
地址：香港柴灣永泰道70 號柴灣工業城第2 期1805 室
Unit 1805,Ph .2,Chai Wan Ind City,70 Wing Tai Rd,Chai Wan,Hong Kong
Tel：2172-6513　Fax：2172-4355
E-mail：cary@subseasy.com.hk

封面設計／林雯瑛
內頁排版／陳相蓉
印　　刷／鴻霖印刷傳媒股份有限公司
出版日期／2022 年 9 月初版
定　　價／新臺幣 390 元
I S B N／978-626-7123-46-1（平裝）
電子書ISBN／9786267123577（PDF）
9786267123584（EPUB）

Printed in Taiwan